머니테라피

Money
Therapy

머니테라피

© NAVI EFFECT 2022

2022년 6월 2일 1판 1쇄 발행
2022년 6월 20일   2쇄 발행
펴낸이 ㅣ 이한님
펴낸곳 ㅣ 나비이펙트
기획 ㅣ 책추남 TV 조우석
디자인 ㅣ studio J
인쇄 ㅣ 예원프린팅
등록 ㅣ No.2022-000027호
주소 ㅣ 서울특별시 성북구 돌곶이로 40길 46
이메일 ㅣ navieffect2021@naver.com
팩스 ㅣ 0504-497-1401
ISBN 979-11-97584-21-3

머니테라피

내 인생에 사랑, 아름다움, 지혜를
가져다준 딸 안젤리카에게 이 책을 바친다.
그리고 아직까지 그 영혼이 우리와 함께하고 있는
내 친구 바바라 로서스를 사랑으로 기억하면서…

다시 출간하며

제가 읽은 1만여 권의 책 중에서 돈에 관하여 반드시 읽어야 할 책 한 권을 추천하라고 하면 저는 서슴없이 이 책 『머니테라피』를 소개할 것입니다. 왜냐하면 돈 공부에서 가장 중요한 기본을 다루고 있기 때문입니다. 그래서 책추남 나비 스쿨의 돈 공부를 위한 독서 클럽인 머니 북살롱에서도 가장 먼저 읽어야 하는 필독서로 선정하여 함께 읽고 토론하고 공부합니다.

오랜 시간 동안 인간의 변화와 성장에 대해 고민하면서 깨닫게 된 것은 변화에 있어서 무의식의 존재와 그 중요성에 관한 것입니다. 우리 속담에 '세 살 버릇 여든까지 간다.'라는 말이 있습니다. 최신 뇌과학은 인간의 뇌파가 만 2세 전까지는, 성인이 깊은 명상 상태나 깊은 수면 상태에서 나타내는 델타파 상태를 주로 유지한다는 사실을 밝혀냈습니다. 그리고 이 시기에 보고 들은 것이 무의식에 각인되어 일평생 영향을 끼친다는 사실을 알아냄으로써, 이 속담이 과학적인 근거가 있음을 밝혀 주었습니다. 저명한 정신 의학자 칼 융은 "무의식을 의식화하지 않으면 무의식이 우리 삶의 방향을 결정하게 되는데, 우리는 바로 이런 것을 두고 운명이라고 부른다."라고 말했습니다. 이런 과학적 연구 결과들을 바탕으로 우리가 어린 시절 무의식적으로 받아들이게 된 돈에 관한 이미지와 감정이 평생 우리의 경제생활을 좌우한다는 사실을 알 수 있습니다.

『머니테라피』는 돈에 관한 무의식적 이미지와 감정들을 파악하고, 진단 테스트를 통해 8가지 머니 타입 중 자신이 가진 머니 패턴을 파악하도록 도울뿐더러, '물질적 부'뿐 아니라 '영적인 풍요'까지 누릴 수 있는 구체적인 단계까지 제안하고 있는, 감히 '돈 공부의 바이블'이라고 부를 수 있는 책이라고 생각합니다. 그렇기에 저는 『머니테라피』가 전 국민의 필독서가 되었으면 하는 마음에서 이 책을 강력하게 추천하고 있는 것이지요. 그리고 더 나아가 우리 아이들이 아주 어린 시절부터 이런 돈 공부를 시작할 수 있는 기회를 가실 수 있었으면 하는 바람입니다. 돈으로 인해 자기다운 삶을 살아가는 데 방해받지 않고 마음껏 나답게 자유롭게 풍요롭게 살아갈 기반을 마련하는 것이 자본주의 사회를 살아갈 우리 다음 세대에게 가장 중요한 공부 중 하나라고 믿기 때문입니다.

머니테라피를 꼭 살려내면 좋겠다는 책추남 구독자님들의 많은 요청에 따라 책추남TV의 '좋은 책 살리기 프로젝트' 도서로 이 책을 재출간할 수 있어 기쁘고 감사합니다. 그동안 『여기가 끝이 아니다』, 『어포메이션』이 여러분의 큰 성원으로 분야 베스트셀러와 스테디셀러로 자리 잡았듯이, 『머니테라피』도 많은 분에게 큰 도움이 되는 책이 되었으면 좋겠습니다. 무엇보다도 '혼자 꾸면 꿈이지만 함께 꾸면 현실이 된다'는 책추남TV의 한 모토처럼 우리가 함께 또 한 번 '절판 도서 되살리기'라는 꿈을 현실화할 수 있어서 참으로 감사합니다. 나비의 작은 날갯짓이 태풍을 일으키듯이 정말 좋은 책 한 권, 한 권을 널리 알림으로써, 우리의 출판 문화를 바꾸고, 독서 문화를 성숙시키고, 나아가 우리의 정신 문명을 변화시키는 것을 꿈꾸는 '책추남 나비 효과'. 앞으로도 여러분과 함께 이 멋진 꿈을, 이 나비 효과를 함께 꾸준히 일으켜 갔으면 좋겠습니다.

혼자 꾸면 꿈이지만 함께 꾸면 정말 현실이 됩니다. 그러니까 가능한 멋진 꿈들을 함께 자주 꾸면 좋겠습니다. 진심으로 감사합니다!

기획자 책추남 TV 코코치(Co-Coach) 조우석 올림이 책은 영적 발달이라는 독특하고 신선한 관점으로 돈과 경제생활에 대해 이야기하고 있다. 이 책을 쓴 데보라 프라이스는 20년 이상 습득한 지식과 임상적 경험, 그리고 신념을 바탕으로 인간이 돈을 뛰어넘어 자기가 가진 최고 가능성에 이르고, 궁극적으로 자기 본성을 실현할 수 있도록 이끌어 준다. 이 책을 읽고 실천하는 독자들은 틀림없이 풍요로운 삶을 살아갈 것이다.

사실 그동안 많은 사람들이 부나 풍요에 대해서 책을 썼다. 그중에는 성공, 힘, 명예, 돈이 영성과 관련이 있다고 밝히는 책도 많다. 임상심리학자로 일하면서 의뢰인, 즉 고객들에게 배운 것은 돈이 인간 정신과 인간관계를 포함하는 삶의 모든 면에서 가장 핵심적인 문제이며, 우리가 고통을 겪는 가장 큰 이유 중 하나라는 것이다.

내가 데보라 프라이스를 처음 만난 것은 금융 자문을 받기 위해서였는데, 이후 우리는 곧 친한 친구가 되었다. 그녀가 고객을 도울 때 보이는 헌신적 열정과 지혜, 성실성은 금융계에 종사하는 전문가 사이에서도 단연 돋보인다. 나는 그녀에게 금융 교육을 받는 동안 아무것도 모르는 '순진형'에서 스스로 경제생활을 책임질 수 있는 수준으로까지 발전했다. 임상심리학자로서 나의 주된 일은 고객들이 어린 시절에 겪었던 상처를 치유하고 현실에서 겪는 스트레스를 극복하도록 돕는 것이다. 이것은 그녀가 고객을 돕는 과정과 비슷했다. 우리는 서로가 금융 상담, 심리학, 영적 성장과 같은 차원에서 같은 역할을 하고 있다는 사실을 분명히 알게 되었다.

아직도 많은 사람이 돈을 '궁극적인 금기 사항'으로 여긴다. 많은 저술가와 심리치료사는 사람들이 돈 문제를 털어놓는 것보다 오히려 성적 비밀을 이야기하는 것을 쉽게 여긴다고 말한다. 한 가지 분명한 것은 어린 시절에 겪었던 경험과 마음속 깊이 형성된 돈에 대한 신념이 큰 영향력을 발휘한다는 점이다. 우리는 의식, 혹은 무의식에 소중히 간직하고 있는 '신화'를 탐사해야만 돈과 금융에 대한 결정과 연결된 믿음이나 걸림돌을 보다 잘 이해할 수 있다. 돈은 가정에서 폭력의 상징이 되기도 하지만 사랑의 상징이 될 수도 있다. 돈은 인간관계에서 무기가 되기도 하고, 성관계, 사랑, 권력 간에 일어나는 갈등을 교묘히 조종하는 데 사용되기도 한다. 우리는 모두 부부, 부모자식, 형제자매 관계 속에서 돈과 관련된 분노, 시기, 사랑, 동정, 걱정의 희생물이 된다.

돈과 조화로운 관계를 유지하며 살아가는 것은 매우 중요하다. 그것은 몸과 마음, 그리고 영혼의 상관관계에서 조화롭고 건강한 삶을 이루는 데 중요한 역할을 하며, 이러한 풍요의 원리는 삶에 대한 근본적인 태도를 결정하기 때문이다. 가난을 생각하면 가난하게 살아가듯이 풍요를 생각하고 의식하면 풍요롭게 살아갈 수 있다. 이것을 자성 예언(self-fulfilling prophecy)이라고 한다. 고객들이 풍요롭고 건강한 의식으로 향하는 방법을 물을 때마다 나는 믿을 만한 조언자를 찾아가 자문을 구하거나, 관련 책을 찾아 읽거나, 이 책을 읽음으로써 풍요의 길로 가는 데 걸림돌이 되는 어린 시절의 파괴적 신화나 믿음을 제거해 보라고 충고한다.

데보라 프라이스는 타당한 심리학 원리와 보편적인 삶의 믿음을 폭넓은 금융 지식과 통합하여 명료하게 표현했다. 이 책은 예비부부들이 결혼 후에 발생할 수 있는 경제적 갈등을 사전에 방지하는 데 도움을 줄 것이다. 또한 젊은이들과 성인들이 평화롭고 풍요롭게 살기 위해 걸어갈 자기 발견의 여정에 좋은 동반자이자 안내서가 될 것이 분명하다.

LA에서 임상심리학 박사
손드라 플론

드디어 한국 독자들에게 『머니테라피』를 알릴 수 있게 되어 몹시 기쁘고 흥분되는 마음입니다. 사실 제가 이 책을 쓰고 머니 코칭 분야의 선구자가 된 것은 제가 이 일을 선택했기 때문이 아니라 오히려 이 일이 나를 선택했기 때문이라고 할 수 있습니다. 저는 성인이 된 후 대부분의 시간을 돈과 개인 금융 분야에서 보냈습니다. 어느 날 저는 이 일이야말로 천직이라는 사실을 깨달았습니다.

몇 년 동안 저는 저 개인과 금융 차원 모두에서 뭔가 잘못된 길을 가고 있다는 느낌을 강하게 받았습니다. 돈과 우리의 관계, 문제가 많은 이 관계를 제대로 이해하고 치유하지 않는다면 언젠가 아주 심각한 상황과 직면하게 될 것 같았습니다.

그래서 저는 오늘날 '머니 코칭'이라는, 사람들이 겪는 돈 문제를 치유하고 변화시키는 데 도움을 주는 도구와 프로그램을 만들고 이를 저술하기 시작했습니다.

십몇 년 전부터 시작된 이 여정은, 오늘날 전혀 새로운 분야와 패러다임으로 발전했습니다. 그리하여 많은 사람들이 머니 코치가 되고 싶다며 연락을 해 왔고, '머니 코칭 연구소'를 설립하여 머니 코칭 과정을 가르치기 시작했습니다.

이 분야는 이제 미국뿐만 아니라 세계 여러 나라에도 머니 코치를 둘 정도로 성장했습니다. 그들은 저처럼 '너무 많은 사람들이 돈 문제로 고통받고 있다. 그들을 위해 뭐든 해야 한다.'라는 내면의 목소리를 들었을 것입니다. 그들은 하나둘 제게 연락을 해 왔고, 결국 제게 훈련을 받았습니다. 저는 우리 졸업생들에 대해 큰 긍지와 자부심을 느낍니다.

이 책을 한국어로 옮겨주신 설기문 박사는 제게 머니 코칭 훈련을 받으러 미국으로 건너온 적이 있습니다. 그를 훈련시킨다는 것은 멋지고 즐거운 경험이었습니다. 그는 다른 사람들이 자기 한계와 고통을 극복하고 더 큰 가능성을 찾을 수 있도록 돕는 데 거의 평생을 바친 사람이었습니다. 그는 마음을 다하는 진정한 치유자이며, 자기 영혼의 일부인 인간에 대한 깊은 이해와 예리한 각성 능력을 가졌습니다. 그 역시 저처럼 자신이 머니 코칭을 선택한 것이 아니라, 오히려 머니 코칭이 그를 선택했다고 힐 수 있습니다. 그는 이제 한국 최초, 그리고 한국 최고의 머니 코치가 되었습니다.

다른 모든 나라에서도 설기문 박사 같은 머니 코치를 만날 수 있다면 저는 이 세상에서 해야 할 제 몫의 일을 다 해냈다 생각하고 편히 쉴 수 있을 것 같습니다. 그때가 되면 제가 하는 일이 동료 머니 코치와 제자를 통해 언제까지나 뻗어 나갈 것이기 때문입니다.

설기문 박사가 미국에서 훈련을 마친 지 얼마 지나지 않아, 세계 경제에 대한 내 예언은 현실이 되었습니다. 세계 경제는 엄청난 불경기에 빠져들었습니다. 우리는 그 어느 때보다도 심각한 경기 불황을 경험하고 있으며, 수많은 사람이 실업 상태에 있고 세계적으로 빈곤 문제가 만연하고 있습니다. 이것은 지구적 차원의 위기입니다. 하지만 저는 우리가 돈에 대해 올바른 시각을 갖고, 생각하고, 행동한다면, 위기 뒤에는 반드시 큰 기회가 올 거라는 신념을 가지고 있습니다.

세상에는 반드시 배워야 할 강력한 교훈이 있습니다. 그것을 제대로 배울 수만 있다면 우리 모두는 더 나은 세상을 함께 만들어 나갈 수 있습니다. 지금 처한 경제 여건은 새로운 경제를 낳는 산고와도 같습니다.

우리는 이 과정을 거치면서 더 이상 가진 것으로 사람을 평가하지 않는 세상을 만들어 낼 수 있을 것입니다. 세상은 우리 모두에게 모자람이 없는 곳입니다. 이러한 세상을 만드는 것, 그것이 머니 코치들이 가진 비전입니다.

　여러분의 인생은 얼마든지 더 풍요롭고 더 행복해질 수 있습니다. 그 믿음과 확신을 이 책을 통해 얻을 수 있기를 바라며, 여러분 모두에게 평화와 신의 축복이 함께하기를 기원합니다.

데보라 프라이스

contents

"인간은 자유롭게 태어나 어디서든지 속박받는다."_루소

현대의 소비지상주의와 돈 중독증

오늘날 세계에서 가장 부자 나라인 미국에서는 돈에 대한 두려움과 불안이라는 증후군이 사회 전반에 퍼져 있다. 이런 현상은 부자나 가난한 사람 모두에게서 찾아볼 수 있으며, 결과적으로 우리가 상상하는 것 이상으로 모두를 속박하고 있다. 물론 이 증후군은 개인마다 조금씩 차이가 난다. 하지만 거의 모든 사람이 돈에 대한 스트레스로 고통받고 있다. 이 책이 나온 2001년에 돈 문제는 주식 시장의 유례없는 등락과 함께 더욱 심화되기 시작했다. 그 결과 범세계적인 불황이 찾아와 전 세계인에게 영향을 미치고 있다.

나는 이것이 우연히 일어났다고 믿지 않는다. 지금까지 우리 삶의 불확실성을 돌이켜 볼 때 지금이야말로 새로운 변화가 일어나야 할 시기이다. 이제는 돈을 새롭게 보고 경험해야 한다. 지금은 우리의 금융 운명을 바꿔야 할 계시의 시대다. '계시(revelation)'에는 분명히 구별되는 두 가지 의미가 담겨 있다. 첫째는 풍요롭고 마법 같은 기회를 드러낸다는 의미이며, 둘째는 좀 어두운 뜻으로 대참사를 예언하는 종말론적인 의미이다.

이 중 어떤 쪽을 선택할지는 우리에게 달려 있다. 우리는 지금까지 돈 때문에 충분히 고통당했다. 이제는 마법과 기쁨을 경험해야 할 때이다. 그러기 위해서는 먼저 사물을 다른 시각으로 보고 행동해야 한다.

나는 인간과 인생을 매우 사랑하며 항상 마음속으로 인간성에 큰 희망을 걸고 있다. 그러나 지난 몇 년간 세계를 바라보면서 무언가 심각한 경고를 받는 기분이 들었고, 고통으로 마음이 불편하였다. 점점 조용한 방관자로 남아 있기가 어려워졌다.

금융 자문가와 머니 코치로서 많은 고객을 상담하면서 그들이 더 많은 물질을 원하면서도 다른 한편으로는 오히려 인생의 절망감을 느끼고 더욱 심한 경제적 좌절감에 빠지는 것을 목격했다.

사람들은 경제적 안정과 의미 있는 삶을 위해 내게 상담을 받으러 온다. 하지만 불행하게도 경제적 안정은 흔히 새 자동차, 보트, 더 큰 집 같은 물질적인 것을 의미하게 되었다. 이것이 결국 인간에게 더 많은 짐을 지우고 삶을 더욱 힘들게 하는 원인이다. 나는 사람들이 물질에 대한 끝없는 욕망의 포로가 되어 오히려 삶의 에너지를 고갈시키는 현상을 많이 보아 왔다. 우리는 너무 오랫동안 '소비자 최면'에 걸려 물질지상주의에 중독되어 온 것이다. 이 같은 집단 무의식은 우리 정신과 세계 전반에 크게 영향을 미치고 있다. 우리는 지금 일어나는 금융 현실에 너무도 무뎌져 건강한 미래를 만들기 위한 행동과 변화를 도모할 수 없을 정도가 되었다. 또한 광고업계와 언론계는 돈과 물질이 없으면 마치 아무것도 아닌 존재가 되는 양 세뇌시키고 있다. 우리는 국가적 강박증에 빠져 있다. 오직 물질이야말로 최고 선(善)이라는 가치관에 세뇌되어 진정한 삶의 가치를 잊게 되었다. 더 큰 쇼핑몰을 지을 땅이 부족하자 텔레비전이나 인터넷에 가상 쇼핑몰을 세웠고, 그 결과 우리는 하루 24시간 내내 쇼핑할 수 있게 되었다. 하지만 공허감만 커질 뿐, 진정한 삶의 의미와 가치는 잃어 가고 있다. 우리가 없어도 되는, 정말로 필요 없는 것을 사려는 집단 중독증 때문에 엄청난 돈을 소비하고 있다. 이 돈을 아직도 기아에 허덕이고 있는 지구촌 빈민을 구하는 데 쓸 수는 없는 것일까?

소비지상주의는 우리 시대의 중독증이다. 나는 이 책을 통해 독자 여러분이 진정한 삶의 목적, 본래 목적을 기억하도록 돕고자 한다. 이것은 우리가 태어난 이유이기도 하다. 우리는 쇼핑을 하기 위하여 태어나지 않았다. 우리는 어떤 물질 때문에 빚진 삶을 살기 위하여 태어나지 않았다. 우리는 소유한 물질의 숫자를 늘리느라 삶의 에너지를 낭비하기 위하여 태어나지 않았다. 이것은 진정한 풍요와 번영을 의미하는 것도 아니다.

돈은 삶을 보다 의미 있는 방향으로 바꾸도록 돕는 유용한 도구이다. 도구로서의 돈은 의미와 목적을 가진 삶, 진정한 충족을 향한 길을 열어 줄 것이다. 당신이 만약 오직 돈을 축적하는 삶만을 추구한다면 아무리 많은 돈도 별로 의미가 없다. 오직 물질을 위해 소비하는 삶은 당신 삶의 에너지를 낭비할 뿐이다. 당신은 그 이상의 존재다. 당신 속에는 더 큰 진리가 있다. 당신이 재발견해야 할 것은 바로 이러한 진리다. 당신 속에는 더 큰 목적을 가진 삶, 보다 풍요로운 삶을 펼쳐 보일 수 있는 능력이 있다. 또 변화의 길을 선택할 수 있는 능력도 있다. 이제 우리 모두는 깨어나야 하며 해결의 길에 동참해야 한다. 이것은 충분히 가능하기 때문에 우리는 '전부(全部) 아니면 전무(全無)'라는 마지막 머니 게임을 펼치고 있다. 깨어난다는 것은 쉽지 않다. 그러나 자명종 소리를 듣고도 깨어나지 못한다면 언젠가 사나운 무엇이 우리를 깨울지도 모른다.

내 삶을 변화시켜 준 자명종 소리, LA 지진

지난 1994년 내가 살던 세상이 무너져 내린 적이 있다. 그해 1월 17일 캘리포니아 주 최대 도시 LA 근교 노스리지에서 엄청나게 큰 지진이 발생해 LA를 강타했다(노스리지에서 발생한 지진은 6.8의 강진이었으며, LA 전 지역에 큰 지반 운동이 일어났다. 58명이 사망했고, 1,500여 명이 부상으로 병원에 입원하였으며, 약 80,000~125,000개에 이르는 건물과 구조물이 붕괴되거나 파손되었다—옮긴이). 나는 지진을 예감하고 전날 건축가 친구를 불러 대지진이 와도 우리 아파트가 안전할지 점검해 달라고 부탁했다. 그 친구는 쓸데없는 걱정을 한다고 웃으면서 안전 진단을 해 주었다. 건물이 매우 튼튼해서 웬만한 지진도 잘 견딜 거라고 했다. 그날 밤 새벽 4시쯤, 그 유명한 노스리지 지진이 우리를 덮쳤다. 나는 이미 깨어 있었다. 지진은 마치 폭탄처럼 한 방에 우리를 습격했다. 나는 칠흑 같은 어둠과 대혼란 속에서 하나뿐인 어린 딸 안 젤리카를 데려오려고 건넛방으로 달려갔다. 몇 분 후에 지진이 또 한 번 찾아왔다. 순간 벽이 갈라지고 무너지는 소리가 들렸다.

나는 남편과 함께 3층짜리 아파트에서 빨리 벗어나려고 했지만 현관문 이 잠겨 있었다. 칠흑 같은 어둠 속에서 여기저기 전기 불꽃이 일어나면 서 불똥이 튀었다. 가스가 새어 나와 방 안 가득히 냄새가 퍼졌다. 나는 두 손과 두 발로 바닥을 기며 어둠을 뚫고 미친 듯이 현관문 열쇠를 찾아 나갔다. 유리 조각과 파편 사이를 더듬어 헤맬 때 내 마음은 두려움으로 떨렸다. 이것이 내 인생의 끝이란 말인가? 우리는 살아남을 수 있을까? 열쇠는 어디서도 찾을 수 없었다. 하지만 나는 아직 죽을 준비가 되어 있 지 않았다. 순간 딸 생각이 났고, 얼른 출구를 찾아야겠다고 마음먹었 다. 그때 파편 더미 위에서 반짝이는 열쇠 꾸러미를 발견했다. 열쇠는 원 래 올려놓았던 식탁에서 족히 60미터쯤 떨어진 곳에 있었다. 나는 열쇠 를 가지고 기어서 현관으로 되돌아가, 문을 따고 계단을 타고 이웃집으 로 뛰어 내려가기 시작했다. 우리는 이웃 주민과 함께 아이들을 차에 싣 고 달렸다. 세계 최고 부촌 중 하나인 몬태나 애비뉴는 전쟁터와 다름없 어 보였다. 하늘에는 불길한 푸른빛이 감돌았고 신호등과 가로등은 모두 파괴되었다.

조심스레 길을 따라가다가 도착한 곳은 이웃집 친구 부모님 댁이었다. 그곳에서 우리는 일생에서 가장 춥고 어두운 밤을 보냈다. 거실에 아무 렇게나 쭈그리고 앉아 울면서 아침이 오기를 기다렸다. 동이 트면 세상 이 어떻게 변했을지 보게 될 것이라고 생각했다.

지진이 난 3일 후 우리 가족은 새로운 삶을 찾기 위해 LA를 떠났다. 나는 아파트와 사업을 모두 다 폐기처분했다. 건질 것이라곤 아무것도 없었다. 나는 살던 아파트로 다시 돌아가지 않았다. 어디로 가는지도 모른 채 어떻게 모든 삶을 뒤로하고 떠날 수 있었는지 친구들과 가족들은 지금도 이해하지 못하겠다고 한다. 나는 아무것도 몰라도 상관없었다. 돌이켜 보면 지진은 '이제 그만 잠에서 깨어나라'고 울린 경종이었다. 지금까지 살아온 삶에서 벗어나 내게 예정된 삶을 찾으라고 나를 흔들어 깨운 경종이었던 것이다.

사실 지난 몇 년 동안 내가 제자리에 있지 않다는 메시지와 경고를 여러 번 받았다. 나는 복잡한 도시 생활에 만족하지 못하고 있었다. 공해, 교통, 범죄 등이 지겨웠고, 소박한 생활을 동경했다. 딸이 태어나자 도시를 벗어나고 싶은 갈망은 더욱 커졌다. 이제 지진까지 났으니 더 이상 집도 직장도 없었다. 이제 신의 뜻에 따를 때가 왔다고 생각했다. 다만 우리 가족이 LA를 떠날 때 북쪽으로 가야 하며 자신을 신뢰해야 한다는 것만 알고 있었다. 나머지는 때가 되면 스스로 알게 될 거라는 생각이 들었다.

한참이 지나 돌아보니 지진은 내게 커다란 축복이었다. 물론 당시에는 너무 무서운 경험이었다. 그로 인해 집과 직장도 잃었고, 그 후에도 더 많은 것을 잃었고, 소위 여진(餘震)도 겪었다.

하지만 정말 소중한 것은 잃지 않았다. 이제 그때 고통은 쥐고 있는 것을 놓아 버리는 법을 배우는 긴 여정이었음을 안다. 더 많은 것을 놓아 버리자 진정 필요한 것들이 채워질 가슴의 여유가 생겼다. 또 내 삶의 목적에 맞는 인생을 꾸려 나가기가 훨씬 쉬워졌다.

지금 나는 자연과 고요가 감싸 주는 한적한 시골에 살고 있다. 이 고요 속에서 내 마음 역시 맑게 가라앉아 어린 시절 이후 처음으로 마음속에 울리는 소리를 들을 수 있으니 얼마나 좋은가? 나는 이제 산산조각 났던 것도 언젠가 다시 합쳐진다는 사실을 깨달았다. 삶은 거대한 모자이크 같다. 시간을 두고 한 발 물러나 바라보면 모든 조각이 완벽하고 아름답게, 그리고 조화롭게 맞아 들어가는 모습을 보게 된다. 이 원리는 당신에게도 적용될 것이다.

이 책은 당신 삶의 조각들을 새로운 방식으로 조명해 보는 데 도움을 줄 것이다. 당신이 누구이며, 진정 가치 있게 여기는 것이 무엇인지를 분명하게 알게 해 줄 것이다. 그렇게 조각들을 모아 당신 삶의 모자이크를 완성했을 때, 돈이란 다만 완성된 모자이크를 담는 액자일 뿐 그림 자체는 아니라는 사실을 알게 될 것이다.

돈과의 관계를 알아보자

돈은 나름대로 독립된 생명 에너지를 가지고 있다. 모든 자연에서 볼 수 있는 것처럼 이중성을 포함하고 있다. 돈은 영적인 동시에 물질적이고, 창조적인 동시에 파괴적이며, 사랑스럽기도 하지만 잔인하기도 하다. 돈은 생애 최고의 꿈을 실현시켜 주기도 하고 최악의 악몽으로 고통받게도 한다. 돈은 어쩌면 신이 인간에게 행한 최대의 실험일 것이다. 돈은 모든 인간 삶의 상황에 골고루 영향을 미치는 힘을 가지고 있기 때문이다. 돈은 교환 수단에 불과하지 않다. 오히려 우리의 '또 다른' 삶이 되었다. 우리는 단 한 번도 탐사한 적 없는 내면의 가능성 속에 있는 부(富)

에는 관심을 두지 않고 오히려 희생시키면서, 대신 돈이라는 '또 다른' 삶에는 지대한 관심과 최고의 찬사를 보내고 있다.

우리는 무의식적 차원에서 돈과 건강하지 못한 관계를 맺고 있기 때문에 개인적으로나 집단적으로 많은 문제를 경험할 수밖에 없다. 이런 무의식적 관계가 우리 삶에 어떻게 작용하는지 알려면 머니 타입(Money Type)을 알아야 한다. 머니 타입이란 원형(原型 : 스위스 정신과 의사이자 분석 심리학 창시자인 칼 융이 제시한 개념으로 지리적, 문화적, 인종적 차이 없이 인간 무의식 심층에 존재하는 인간의 가장 원초적 행동 유형—옮긴이)이라는 개념에 기초한 것으로 개인이 돈에 대해 보이는 무의식적인 습관, 사고, 믿음 등을 말한다. 이 책은 당신의 머니 타입이 돈과의 관계에 어떤 영향을 미쳐 왔는지 알게 해 줄 것이다.

자신의 머니 타입을 정확히 찾아서 잘 활용하는 법을 배우는 것은 마법처럼 신비로운 일이다. 숨겨진 것이 드러나는 과정이며, 돈과 당신의 관계를 변화시키기 위해서 반드시 필요한 것이다. 인간이 성장함에 따라 의식이 깨어나면 머니 타입도 바뀌게 된다. 한 단계에서 다른 단계로 이동하게 되는데, 이러한 변화는 인생 여정에서 꼭 필요한 과정이다. 우리는 궁극적으로 머니 머지션(magician: 원래 마법사라는 뜻이지만 이 책에서는 궁극적으로 돈과 관련하여 가장 높은 의식 수준을 가진 사람을 일컫는 말로 쓴다—옮긴이)이라는 깨달음을 경험할 수 있어야 한다. 우리는 자기를 존중함으로써 자기 영혼을 존중한다는 사실을 이해해야 한다. 우리가 만약 용기를 내어 내면의 여정을 걷는다면 삶은 우리가 가진 지식으로 인해서 변화하게 된다. 뿐만 아니라 내면 깊은 곳에 있는 소망과 꿈을 명백히 드러낼 수 있는 능력을 실현히게 된디.

자아 탐색과 영적 성장의 길

나는 돈이라는 거대한 미스터리를 탐험하고 돈과 새로운 관계를 맺을 수 있는 길을 찾도록 돕기 위하여 이 책을 썼다. 그 길은 진리를 알고 자신을 발견하고 깨달음을 얻는 여행이다. 당신은 여행길에서 당신이 가진 돈에 대한 신념 체계가 도전받는 경험을 할 것이다. 이로써 과거와 현재 사이에 끊어진 다리가 이어지는 경험을 할 것이고, 그 결과로 원하는 미래를 만드는 법을 배울 것이다. 이 책은 무의식의 깊은 잠에 빠져 있는 당신을 흔들어 깨울 것이다. 당신은 이 책을 읽는 동안 생전 처음으로 자기 자신을 바로 보게 될 것이다. 그것은 곧 당신이 원래 간직하고 있던 머지션의 모습이다. 머지션이란 돈의 원천이 어디 있는지 아는 돈의 도사이다. 그는 마법의 문을 여는 열쇠를 가진 당신 자신이다.

당신은 이 책을 통하여 자신이 진정 누구이며 진실로 추구하는 것이 무엇인지에 대한 해답이 있는 열쇠를 찾게 될 것이다. 인생이라는 여행길에는 여행객 수만큼이나 길도 많다. 우리는 영혼이 이끄는 길을 가게 되어 있다. 당신도 영혼의 안내를 받도록 하라. 당신이 이 책을 선택하여 읽게 한 것은 무엇이었을까? 당신은 무엇을 추구하는가? 무엇을 변화시키고 싶은가? 이러한 물음에 대한 해답을 여행의 출발점으로 삼아라.

이제 노트를 하나 구해 '머니 일지'로 삼고 이 책에서 제시하는 실습 과제에 대한 답을 기록하라. 많은 사람이 그렇게 기록한 일지를 통해 큰 통찰과 지혜를 얻었다. 머니 일지는 당신이 여행을 가는 동안에 자기 발전 정도를 확인하는 데 큰 도움이 될 것이다.

이 책을 읽는다는 것은 당신 자신과 풍요로운 미래와 삶을 위한 좋은 투자가 될 것이다. 이왕이면 끝까지 읽기 바란다. 실습 과제도 빠뜨리지 말고, 읽고 답하고, 실습 사항을 실천해 보라. 급한 마음으로 내용을 건너뛰거나 너무 빨리 읽어 제대로 이해하지 못한 채 넘어가지 않기를 바란다. 지름길을 택하고 싶은 유혹에 넘어가지 말라는 뜻이다. 쉬운 길만을 따라가면 나중에 불필요하게 우회해야 할 수도 있고 성공에 걸림돌이 될 수도 있다.

이제 즐겁게 여행을 떠나자. 당신의 목적지가 어디든지 간에 마음의 소리와 영혼의 안내를 받는다면 반드시 길을 찾아 목적지에 이르게 될 것이다.

Money
Therapy

Part 01

1

머니 게임의 법칙

나와 돈의 관계를
이해하라

"인간은 물질의 부를 택할지
물질을 쓰는 자유의 부를 택할지 결정해야만 한다."

이반 일리지

모두가 참여하여
벌이는 머니 게임

나는 지난 20년간 금융 컨설턴트와 재정 자문가 및 머니 코치로 일하면서 사람들이 돈을 가지고 벌이는 머니 게임을 무수히 목격했다. 사실 사람들이 머니 게임을 하게 된 주된 이유는 돈에 대해 느끼는 심층적 불안, 공포, 수치심을 지속적으로 감추려는 데 있다. 그렇게 숨기는 것이 불편하지만 그냥 감수하고 운명으로 받아들이면서 조용히 살아가는 것이다.

우리는 이제 이런 숨바꼭질이 능숙한 삶을 살고 있지만 한 가지 사실을 잊고 있다. 우리 자신의 내면세계와 제대로 교류하지 못하고 있다는 점이다. 그래서 우리는 우리와 돈의 관계, 돈이 삶에서 가지고 있는 의미를 제대로 생각하지 못하고 이해하지도 못하게 되었다. 그 결과 우리가 돈에 대해 어떤 감정을 가지고 있는지 깨닫지 못한 채 머니 게임의 인질로 우리 자신을 맡기고 돈이 우리의 모든 것을 지배하게 두었다.

우리는 무의식중에 돈이 최대 자원이며 돈만 있으면 뭐든 할 수 있다면서도 돈을 제대로 대접하거나 사용하지 못했다. 때로 돈을 낭비하거나 오용, 또는 남용하고 돈을 피하기까지 한다. 남모르게 돈과 관련해 죄책감이나 수치심을 느끼면서도 다른 사람에게 털어놓을 수도 없다. 현대 문명 속에서 모든 지배권을 돈에게 다 넘겨주고 살면서도 돈이 삶의 질을 온통 좌지우지하고 있는 현실을 인식하지 못하고 있다.

역사적으로 돈을 사용한 적이 없었을 뿐만 아니라 돈이 무엇인지조차 몰랐던 문명권이 여러 형태로 존재했다. 그러다 돈이 널리 사용되기 시작하면서부터 인류의 삶과 역사, 그리고 가치관에 크고 지속적인 변화가 일어났다. 수백 년이 지난 지금까지 돈이 인류의 삶과 세상에 끼친 영향은 그 규모를 알 수도, 이해할 수도 없을 정도로 크다.

돈이 가진 의미와 힘은 여전히 불가사의하다. 오늘날 우리 모두는 돈에 막강한 힘과 중요성을 부여했고, 그러한 돈으로 하는 머니 게임은 인간의 모든 일상생활을 지배하게 되었다. 사람들은 현실적으로 돈이 부족하다고 느끼기 때문에 돈에 관한 중요한 경제적 결정을 내리기도 하고, 돈을 더 많이 벌기 위해 직업이나 거주지를 바꾼다. 심지어 결혼이나 이혼까지도 돈 때문에 하는 사람이 많다. 실제 사용하는 시간이나 일의 우선순위도 돈이 결정하거나 돈에 영향을 받는다.

하지만 자신이 진정으로 추구하는 것이 무엇인지 곰곰이 생각해 보는 사람은 거의 없다. 인류가 창조한 게임 중에서 이처럼 참여율 100퍼센트를 자랑하는 게임은 없다. 게다가 아무 규정이나 지침도 없고 출전을 대비한 훈련마저 시키지 않는 게임은 처음일 것이다. 이런 상황에서 사람들이 돈에 대한 심층적 불안을 숨기려는 것도 무리가 아니다. 사실 우리는 아직 돈에 대한 기본 규칙도 모르지 않는가!

돈에 대한 진실

사실 돈은 사람들이 거기에 적힌 숫자만큼 가치가 있다고 믿는 종잇조각일 뿐이다. 그런 돈이 어떻게 이처럼 막강한 힘을 가지게 되었을까? 사람들은 돈에 대한 믿음이 없으면 그것이 아무런 가치가 없다는 사실을 잘 모르고 있다. 돈을 만든 이도, 돈에 가치를 부여한 이도 인간이다. 인간은 그렇게 돈에 강력한 힘을 부여했다. 그리고 머니 게임이 발전해 감에 따라 종잇조각은 성공의 최고 수단과 자원이 되었다. 돈은 우리도 모르는 사이에 점점 숭배받는 존재가 되었고 그만큼 인간에게 귀한 자원이 되어 버렸다. 오늘날 가장 큰 불행은 사람들이 돈이 없으면 아무것도 할 수 없을 거라고 믿는다는 사실이다.

돈은 수수께끼 같아서 한마디로 정의하기 어렵다. 돈이 인간에게 중요한 것이 될수록, 인간이 돈을 벌려고 발버둥칠수록, 인간이 돈이 필요하다고 느낄수록, 돈을 수중에 넣기가 힘들어진다. 돈을 더 많이 가질 수 있는 가장 놀라운 원리가 있는데 우주의 영적 법칙에서 유래한 것이다. 가장 위대한 영적 법칙은 우리가 통제할 수 없는 것에 저항하지 않고 그것에 우리를 맡기고 따르는 것이다.

인간은 돈을 지배할 수 없고 지배하지도 않는다. 돈은 상품이다. 돈의 가치는 경제 상황과 인간의 의식에 따라 달라진다. 우리는 돈을 통제할 수 없지만 돈을 이해하여 필요한 것을 얻을 수 있다. 돈은 우리의 일부가 아니며, 실제로 우리 것도 아니므로 진정한 의미에서 돈을 소유할 수는 없다. 돈이 우리를 보호해 주는 울타리라는 환상을 갖고 있는 한 우리가 만든 감옥에서 벗어나지 못할 것이다. 그리고 이 상황을 두고만 본다면 언젠가 돈이 우리를 소유하게 될 것이다.

우리는 이 시대의 유일신 '돈'을 믿는다

"우리는 신을 믿는다(In God We Trust)."

미국 달러에 적힌 단순한 몇 마디는 진실을 그대로 드러낸다. 이 말을 이렇게 고치면 진실에 더욱 가까워진다.

"우리는 우리의 신, 즉 돈을 믿는다(In Money, Our God, We Trust)."

훨씬 정직한 표현이다. 이처럼 우리가 진실로 믿는 것이 돈이라는 것을 공공연히 인정한다면 올가미에서 조금은 벗어날 수 있다.

의식하든 못하든 돈은 인간에게 필수적인 것이 되었다. 우리는 돈을 신처럼 믿고 신뢰한다. 이것은 머니 게임의 불문율이다. 이 현실을 제대로 인식하는 통찰력이 있는 사람을 찾기란 쉽지 않다. 우리는 물질과 형태가 있는 것만을 믿도록 프로그램되어 있기 때문에 아무리 돈이 많고 재산이 쌓여도 만족할 줄 모르고 더 갖기 위해 끝없이 노력한다.

달러를 좀 더 자세히 살펴보면 인간 잠재의식에 강한 영향을 미치는 메시지 몇 개가 드러난다. 첫째, 달러의 녹색은 성장과 자원을 상징한다. 둘째, 달러 앞면에는 미국 건국의 아버지가 그려져 있는데 이것은 돈의 리더십이 가부장적이라는 것을 상징한다. 우리 사회에서 돈은 분명 남성적 에너지를 지니고 있으며 그것은 승리 및 성공과 동일시된다. 세계에서 가장 크게 머니 게임이 이루어지는 월스트리트는 여전히 남성이 주도하고 있으며 여성 참여 비율은 12퍼센트 미만이다. 그러나 돈의 소유하는 데에는 가부장제가 적용되지 않는다(시장은 남성이 지배하고 있지만 미국 부의 반 이상은 여성이 소유하고 있다). 오늘날 월스트리트 머니 게임은 최상위층에서 이루어지며 모든 사람이 참여하고 싶어 한다. 그러나 코트는 이미 선수로 꽉 차 있고, 규칙이 없기 때문에 위험 부담이 아주 높다. 돈에는 숨겨진 의미가 더 있다. 달러를 뒤집어 보면 미국의 위대한 문장(紋章 : 국가나 단체, 조직 등을 나타내기 위하여 사용하는 상징적인 그림이나 문자─옮긴이) 두 개를 볼 수 있다. 하나는 미국을 상징하는 흰 대머리 독수리이고, 다른 하나는 라틴어로 적혀 있어서 모르는 사람이 많은데, 여기에 많은 진실이 담겨 있다. 문장 안에 피라미드가 있는데, 건국 당시 13개 주를 상징하는 13개 돌로 이루어져 있다. 피라미드 위에는 '깨달은 눈'이 내려다보고 있다. '모든 것을 보고 모든 것을 아는' 눈 위에 로마 시인 베르길리우스 작품에서 인용한 'annuit coeptis'라는 라틴어가 적혀 있다. '신은 우리가 하는 일을 좋아하신다.'라는 뜻이다. 피라미드 아래에도 베르길리우스 작품에서 인용한 'novus ordo seclorum'이라는 라틴어가 적혀 있다. '새로운 세계의 질서'라는 뜻이다. '정교 분리' 원칙에 기초해 설립한 나라치고는 돈에 신에 대한 언급을 너무 많이 적지 않았는가?

모든 증거를 종합해 보면 인류 문명이 시작될 때부터 돈, 종교, 신은 불가분의 관계에 있었다고 할 수 있다. 돈이 막강한 힘을 가지게 된 것이 이상한 일은 아니다. 이 모든 상징의 저변에는 머니 게임의 핵심을 때리는 메시지가 하나 더 숨겨져 있다. '당신이 규칙에 따라 게임을 한다면 당신에게 이 막강한 자원, 돈에 이르는 길을 보여 주겠다.'이다. 미국 달러는 최초의 피라미드 도표, 즉 오늘날 자본주의란 이름으로 더 잘 알려진 신시대의 산물이다.

고통의 근원으로서의
돈에 대한 무의식

자본주의와 함께하는 소비주의를 지향하는 무의식적 동기는 우리 삶의 경제적 하부구조와 돈을 다루는 방식에 지대한 영향을 미쳤다. 돈은 자본주의 사회에서 생존하고 일상생활을 영위하기 위해서도 필요하지만 무의식적 필요와 욕구를 만족시키는 데도 필요하다.

어쨌든 우리 삶에서 큰 역할을 맡고 있는 돈이 개인적인 삶에 어떤 의미가 있는지 의식하지 않고는 살 수 없게 되었다는 것은 확실하다. 우리는 돈이 우리 삶과 선택에 어떤 영향을 미치는지 알아야 한다. 돈의 손아

귀에 잡혀 있다는 것을 부인하면서 머니 게임을 계속하는 것은 불안과 공포를 연장하고 우리 혼을 갉아먹는 일이다. 철학자 제이콥 니들맨은 『돈과 인생의 의미』에서 이렇게 말했다.

돈은 우리 성격과 정신적 물리적 유기체 속에 너무도 깊이 침투해 있기 때문에 우리가 자신을 발견하고, 인간 본성의 숨겨진 내면을 발견하려면 직접 돈에 대한 개인적 탐사를 해야만 한다.

우리와 돈의 관계를 제대로 깨닫지 못하는 것이 바로 인간 고통의 근원인 것은 분명하다. 나는 사람들이 돈과 관련해 겪는 수치심을 목격할 때마다 슬픔을 많이 느꼈다. 고객들과 상담하면서 돈에 대한 수치심과 돈과 '나쁜' 관계에 있다는 느낌이 돈을 잘 다루지 못하게 한다는 것을 알았다. 우리가 충족을 위한 길을 가고 있는지 주의 깊게 숙고해 볼 필요가 있다. 충족이란 물질과 재산으로 가득 채우는 것이 아니다. 물론 돈 쓰는 짜릿한 쾌감이 놀이공원에서 놀이기구를 신나게 타는 즐거움과 같다는 것은 알고 있다. 그러나 구경을 다 하고 탈 것도 다 타면 열정도 끝난다. 그것은 즐거움이지 충족이 아니며 시간이 흐르면 사라져 버린다. 이런 임시 변통법으로는 치유할 수 없다. 마음속 깊은 곳에서 의미를 찾으려는 열망을 더욱 가릴 뿐이다.

정신이 충만하지 않으면
수억 원짜리 차도 소용없다

이혼한 후 얼마 지나지 않은 스물아홉 살 때였다. 당시 나는 전에 없던 낯선 불안감과 들뜬 기분을 동시에 느끼고 있었다. 비록 결혼에는 실패했지만 새로운 사람을 만나 사랑과 충족감을 느끼고 있었다. 사업 역시 잘되어서 과거 어느 때보다 돈을 잘 벌고 있었다. 나는 내 운명의 주인이라고 할 수 있었다. 그런데도 너무 이상하게 내가 내 삶에서 유리된 듯한 느낌이 들곤 하였다. 스스로 "그래, 넌 이 모든 것을 해냈어. 그래서 어쨌단 말이지?" 같은 질문을 던지곤 하였다.

그러던 어느 날 여느 아침과 마찬가지로 사무실로 운전해 가다가 느닷없이 좌회전을 하여 포르쉐 자동차 매장에 차를 세웠다. 사실 그때까지는 포르쉐를 사야겠다는 생각이 전혀 없었다. 내 행동에 스스로 놀라 몇 년 되긴 했지만 별로 나무랄 데 없이 좋은 벤츠에 올라타서 운전대를 잡은 채로 한동안 멍하니 앉아 있었다. 순간 여기서 뭘 하고 있는 건지, 왜 이곳에 왔는지 아무리 생각해도 마땅한 답이 떠오르지 않았다. 마침내 영업 직원이 다가와 반갑게 인사를 했다. 나는 그의 눈을 똑바로 바라보면서 이렇게 말했다.

"포르쉐를 한 대 뽑으러 왔어요. 그런데 사무실에 돌아가야 하니까 빨리 처리 좀 해 주세요."

직원은 웃음을 참지 못하겠다는 표정을 지으면서도 최선을 다해서 빨리 처리해 주겠다고 말했다. 그로부터 두 시간 후에 나는 갖가지 옵션을 모두 장착한 검정색 포르쉐 944를 운전하고 있었다. 사실 당시 내 형편으로 그 정도 자동차는 과분했다. 할부로 구매하려 했는데 다행히 매장 주인이기도 한 그 직원이 보증을 서 주었다. 그는 보증을 서 주면서 경고했다. 만약 단 한 번이라도 할부금을 제때 갚지 못하면 직접 찾아와서 차를 회수하여 끌고 가겠다는 것이었다.

한동안 나는 그 차 때문에 정말로 즐거웠다. 성공한 느낌이 어떤 것인지도 맛보았다. 주변 사람들도 내가 성공했다고 생각했다. 심지어 내가 부자라고 생각하는 사람들까지 생겼다. 하지만 나는 여전히 과거와 똑같은 나 자신을 알게 되었다. 달라진 것은 나의 차뿐이었다. 남자들이 주로 타는 높은 사회적 지위의 상징인 비싼 스포츠카말이다.

그런데 바로 그 차가 삶을 바꿔 놓았다. 사람들은 나를 예전과 다른 사람으로 인식했고 나를 대하는 태도도 많이 달라졌다. 사람들의 태도가 달라진 것이 좋은 것만은 아니었다. 오히려 시기심 많은 사람들은 차에 여러 번 흠집을 내었다. 열쇠로 차 옆면을 긁어 버린 경우도 있었다. 동시에 나보다 훨씬 높은 수준으로 물질 중심적인 사고를 가진 사람들이 주변에 모이기 시작했다.

사실 포르쉐는 내게 정말 중요한 것이 아니었다. 그저 재미있는 장난감이었을 뿐, 나는 그 차와 일체감을 느낄 수 없었다. 무엇보다 포르쉐를 구입했다고 해서 불안한 마음이 치유되진 않았다. 오히려 할부금을 내기 위해 더욱 열심히 일해야 하는 상황으로 몰렸을 뿐이다.

그렇게 포르쉐를 굴리는 생활을 하다 보니 어쩔 수 없이 자신에 대해서, 그리고 내가 신성 가치를 부여하는 것이 무엇인지 생각해 보지 않을 수 없었다. 그때까지 나는 원하는 것은 무엇이든 가질 수 있다고 생각했다. 그러나 어느 순간에 내가 가진 것이 정말 내가 원한 것이 아니라는 사실을 깨닫게 되었다. 잠재의식 속에서 성공했다는 사실을 구체적으로 증명해 줄 것을 찾았는데, 포르쉐를 굴리는 것이 그 증거가 된다고 막연히 생각했던 것이다. 하지만 그것은 답이 되지 못했다. 나는 내 문제를 해결하기 위해 심리치료사에게 상담도 받았고 스스로 내면을 탐구하기도 했다. 그런 과정을 거쳐 최종적으로 나는 진정으로 내가 원하는 것이 무엇인지 알게 되었다.

내가 깨달아 다른 사람과 공유하고 싶은 것은 오직 한 가지 진실이었다. 바로 신성(Spirit)과의 연결, 신성에 대한 믿음이었다. 물론 신성 개념은 개인마다 다를 것이다. 어쨌든 신성과의 연결이나 신성에 대한 믿음이 없이는 우리가 충분히 사랑받고 있으며, 충분히 소유하고 있으며, 스스로 충분한 존재라는 것을 제대로 느낄 수 없다. 이러한 믿음 없이는 아무리 돈이 많아도, 아무리 많은 것으로 삶을 채워도 진정한 충족감을 가질 수 없다.

돈은 에너지로 가득 차 있다

지금 나는 돈이 나쁘다고 말하는 것이 아니다. 오해하지 않기를 바란다. 돈은 나쁘지 않다. 나도 돈을 좋아한다. 다만 돈에 집착하지 않을 뿐이다. 돈에는 대단한 에너지가 있으며 우리 삶에 영향을 미치고 있다. 비유하자면 돈이 가진 에너지는 전기와 비슷하다. 전기 에너지가 어떻게 만들어지는지는 정확하게 몰라도 전기 에너지가 존재하는 것은 사실이며, 그것은 우주를 형성할 뿐만 아니라 우주를 둘러싸고 있는 보이지 않는 전류를 통하여 흐르고 있다. 그러나 전기 에너지가 항상 존재하고 활용 가능한 상태로 있다고 할지라도 스위치를 켜야만 에너지가 작동한다. 마찬가지로 우리가 돈 에너지를 의식하는 단순한 행동이 마법 같은 에너지 역할을 하고 강력한 자원이 되는 돈에 접속할 수 있도록 해 준다.

전기는 양극과 음극으로 된 자기장에 의해 만들어지는데, 이 같은 에너지장은 돈에도 작용한다. 돈은 우리를 둘러싸고 있는 세계를 만들고 거기에 영향을 미치기도 한다. 돈에도 구체적인 '충전'(구체적인 의식이나 생각을 갖는 것을 말한다. 전기가 충전되면 작동하듯이 우리가 구체적인 의식이나 생각을 가지면 에너지가 작동한다. 맛있는 음식을 생각하면 그에 따라 입에 침이 생기고 불안한 것을 생각하면 가슴이 두근거리는 반응이 그 예다―옮긴이)에 상응하는 자기장이 있다. 우리가 그것을 자각하고 행동하는 것만으로도 돈 에너지 전류에 접속할 수 있고 그 에너지를 공급받을 수 있다. 이 책은 이처럼 스위치를 켜는 법을 가르쳐 준다! 당신이 의식을 가지고 돈 에너지를 사용하게 되면 삶에서 기적을 연출할 수 있게 된다. 반대로 당신이 의식 없이 돈 에너지를 사용하면 그것은 당신이 바라지도 원하지도 않는 일을 끌어들이게 된다.

이 정도까지 이해하는 데 오랜 시간이 걸렸다. 이 책을 쓰고 머니 코치 및 금융 자문가라는 직업을 가진 것도 결코 우연이 아니다. 인생 대부분을 돈을 배우는 데 썼다. 돈을 쫓아다니기도 했고, 돈을 벌어 보기도 했으며, 돈과 결혼까지 했다. 돈을 사랑했고, 또 미워했다. 모든 것을 나 가진 짜릿함도 맛보았고, 다 잃어버리는 쓰라림도 맛보았다.

간단히 말해 머니 게임을 하는 것은 큰 대가를 치르는 일이다. 머니 게임은 '풍성한 결실을 거둘 것인가, 쓰디쓴 대가를 치를 것인가'를 판가름하는 궁극적 게임이다. 우리는 이러한 게임에서 배운다. 진실을 보지 못하면 자기기만이라는 어둠 속에 숨어 살게 될 것이며, 그때 치러야 하는 대가가 무엇일지는 아무도 모른다.

우리는 어째서
머니 게임에서 지는가?

돈에 대한 한 사람들은 대개 실제 삶보다는 상상 속의 삶을 산다. 언젠가 부자가 되었을 때 어떻게 살지를 상상한다. 그때 이룰 수 있는 업적이나 영향력을 상상한다. 그때 무엇을 가질 수 있을지, 살 수 있을지, 될 수 있을지를 상상한다. 자기 가치를 주어진 부에 따라 저울질한다. 실제 삶이 아니라 환상 속에서 자신이 원하는 것이 된다. 그렇게 환상 속에서 살아가는 동안 자신의 실재(reality)를 구체적으로 드러낼 수 있는 내적인 잠재력과 단절되어 버린다.

우리는 모든 힘을 돈에 내줘 버리고 이렇게 말한다.

"나 혼자서는 할 수 없어. 너무 힘들고 너무 피곤해. 자, 돈이여, 당신이 나 대신 해 줘."

돈이 생겨야 원하는 것을 가지고, 원하는 사람이 된다고 여긴다. 돈이 생기지 않는다면 상상으로 끝나고 만다. 이런 식으로 돈을 대하며 살아왔기에 우리는 자기 인생의 책임자로 살지 않았다. 돈에 대해서도 책임질 수 없었다. 가난한 머니 게임 출전자는 이렇게 생겨났다. 우리는 원하는 사람이 될 수 없었고, 바라는 일도 이루어지지 않았다.

반대로 부유한 머니 게임 출전자를 보자. 이들은 이미 '성공한' 사람들이며 '부자'이다. 스스로 돈을 벌었든, 복권 당첨이나 상속으로 벌었든, 아니면 훔쳐서 벌었든 그들에게는 돈이 있다. 사람들은 어떤 식으로 돈을 벌었든 일단 돈이 많으면 좋은 것이며 결과가 수단을 정당화한다고 생각한다. 돈만 있으면 자유도 살 수 있고 무한한 선택권이 생긴다고 믿지만 사실이 아니다. 내 경험으로는 돈이 많은 사람도 돈이 없는 사람만큼이나 고통 속에 살고 있는 것 같다. 다만 고통의 종류가 다를 뿐이다. 마지막 장세(場勢)에서 벼락부자가 된 사람들이 '벼락부자 증후군'을 치료하기 위해 심리치료사와 정신병원에 몰려드는 것을 봐도 그렇다.

그토록 많은 자유와 선택권을 가진다는 것은 적응력이 뛰어난 사람에게도 대단히 부담스러운 일이다. 하물며 돈과의 관계를 제대로 이해하지 못한다면 부담은 더욱 커진다. 돈이 있다고 해서 개인의 심리적 문제가 모두 사라지는 건 아니다. 오히려 더욱 커지는 경우가 많다. 그렇게 큰 힘을 지니고 주의 깊게 행동하지 않으면 자신과 가까운 사람들에게 오히려 해가 될 수 있다. 사람은 누구나 해결되지 않은 정서적 짐이 어느 정도 있다. 결국 돈을 가진다는 것은 그 짐이 더 무거워진다는 것을 의미할 수도 있다. 오랜 세월 짊어지고 다닌 짐 위에 많은 돈이라는 짐을 얹는 것이다.

돈이 있는 사람들은 머니 게임을 하는 방식이 다르다. 이들은 다른 사람들처럼 상상할 필요가 없다. 다만 많은 돈을 이용해 뭔가를 해야 하고 자기 삶에서 가치 있는 일을 해야 한다고 느낀다. 돈을 잘 지켜야 하고 현명하게 투자해야 하며, '옳은' 명분을 위해 기부도 하고, 어떻게 쓰고 불릴지 결정도 해야 한다. 그러려면 극단적인 조심성을 피할 수 없게 된다. 돈이 있을 때는 아무리 조심해도 지나치지 않다는 것이다. 게다가 늘 경계를 해야 한다. 누구를 믿어야 할지 알 수 없기 때문이다. 언젠가 세계적 갑부인 존 폴 게티조차도 이렇게 말했다.

"이 많은 돈을 소유한다는 것이 상당한 짐으로 느껴진다."

돈이 많은 사람 중에는 때때로 죄의식을 느끼고 자신이 그만한 돈을 가질 자격이 없다고 생각하는 경우가 많다. 특히 상대방보다 월등히 많은 돈을 가지는 경우에 인간관계에 문제가 생기기 쉽다. 돈 있는 사람들은 다른 사람들을 믿기도 어렵고 가까이하기도 어렵다. 가족이나 가까운 친구들이 시샘할 뿐만 아니라 돈을 보고 쫓아다니는 사람도 많아진다.

이런 상황에 대처하기 위해 극단적인 조심성을 보이며 주변 사람들과 친밀한 관계를 맺지 못하는 사람을 보면서 나는 중대한 사실을 깨달았다. 자신을 지켜야만 한다는 강박관념과 누구를, 또는 무엇을 믿어야 할지 모르는 상황 속에서 진정한 자유란 없다는 것이다. 다시 말해 '의식이 없는 부'는 가난의 또 다른 모습일 뿐이다. 이들 내면에는 가난한 사람들과 마찬가지로 두려움과 외로움이 많다. 이것은 외부에서는 보이지 않는 법이다. 겉모습만으로 그들이 가진 부에 대해 진정으로 공감하기는 쉽지 않다.

머니 게임에서 이길 수 있는
새로운 방법

우리가 가진 문화와 개인적 인생사 때문에 우리는 머니 게임에서 지는 쪽으로 조건화되었다고 볼 수 있다. 다행히도 우리는 지금까지와는 다른 방식으로 게임하는 법을 배울 수 있다. 이 책은 성공으로 가는 새로운 전략을 제공하고 커다란 풍요와 충족감을 줄 것이다. 내면에서 오는 충족감 말이다.

이 책에서 설명하는 머니 코칭 절차를 따라가다 보면 돈에 대한 자신의 진실이 무엇인지 발견하고 당신 삶에서 돈이 어떤 의미가 있는지 깨달을 것이다. 또한 어떻게 당신이 현 상태에 이르게 되었는지를 개인적인 측면과 역사적인 측면에서 살펴볼 것이다. 그런 다음 현 상태를 넘어설 수 있는 방법을 모색하게 될 것이다.

Part 03에서 설명할 여덟 가지 머니 타입은 돈에 대한 과거 체험이 삶에 미친 영향을 찾아내고 돈에 대한 접근법을 바꾸는 방법을 안내해 줄 것이다. 이를 통하여 자신에게 주어진 것을 누리는 데 장애가 되는 행동 유형이나 무의식적 신념을 찾아내는 방법도 배울 것이다. 자신의 머니 타입을 알면 자신을 왜 숨기는지, 자신이 진정 찾고 있는 것이 무엇인지 이해할 수 있다. 머니 타입 테스트를 한 후 자신의 심층을 가리고 있는 덮개를 하나씩 벗겨 낼 수 있다.

자신이 어떤 방식으로 머니 게임을 하고 있는지 보다 잘 알아 감에 따라 삶의 길에 놓여 있는 장애물을 찾아내고, 의미 있는 변화를 가져오는 방법도 알아 낼 수 있다. 깨어 있는 마음, 있는 그대로 인지하는 마음을 키울 때에만 돈과의 관계를 바꿀 수 있고 머니 게임을 다른 방식으로 변화시킬 수도 있다. 이제 당신의 진실에 근거한 당신만의 게임 규칙을 만들어야 할 때다. 그렇게 할 때 비로소 돈에 대한 자신만의 힘을 되찾고 진실로 원하는 세상을 향해 명백히 갈 수 있을 것이다.

이제 자신만의 힘을 다른 것에 양보하기를 멈추고 돈을 비롯한 모든 것의 원천이 바로 자신 안에 있다는 사실을 깨달아야 한다. 샘과 같은 이 풍요의 원천에서 물을 긷는 가장 효율적이고 강력한 방법은 매일 신성과 접속하는 것이다. 앞으로 나는 당신의 내면을 들여다보고 자신만의 풍요의 원천을 찾아보라는 요구를 여러 차례 할 것이다. 그 과정에서 당신은 자신 안에 있는 힘을 잘 관리하여 사용하는 방법을 배울 것이다. 그렇게 할 때 돈을 포함하여 당신의 실재를 구현하는 열쇠를 가질 것이다.

Money
Therapy

큰 부자 되기 상상

첫 번째 실습 과제는 당신의 진정한 가치를 명확히 아는 데 목적이 있다. 이를 통해서 돈을 가진다는 것이 당신에게 진정 무엇을 의미하는지 정의할 수 있고, 당신 삶과 돈의 관계를 이해할 수 있도록 새로운 인식을 갖게될 것이다. 언제나 잊지 말아야 할 것은 당신이 진정으로 찾는 것이 무엇인가 하는 것이다. 당신이 찾는 것이 당신의 진실에 뿌리를 둘 때 당신의실재를 바꿀 수 있는 무한한 힘을 갖게 될 것이다.

먼저 머니 일지를 마련하도록 하라. 이것은 앞으로 나올 실습 과제에 대한 답을 기록하는 곳이 될 것이다. 각 질문에 대한 답을 머니 일지에 적어놓기 바란다. 그렇게 하면 당신의 발전 정도를 일목요연하게 볼 수 있고, 동시에 당신 자신에 대한 귀중한 통찰을 얻을 수 있다.

이제, 방금 복권에 당첨되었다는 소식을 들었다고 가정해 보자. 그래서이제까지 살아온 삶의 모든 양상이 영원히 변하려 한다. 다음 질문에 대해 최대한 솔직하고 구체적으로 답해 보라.

❶ 당첨된 복권은 얼마짜리인가?

❷ 그 많은 돈을 가진 기분이 어떤가?

❸ 그중에서 한 달 생활비로 얼마나 쓸 작정인가?

④ 당신 삶의 질이 어떻게 변할 것이라고 생각하는가?

⑤ 이 돈이 당신이나 당신의 삶에 변화를 가져올지도 모른다는 것에 대해
두려움을 느끼는가?

⑥ 새로 생긴 재산에 대해 다른 사람들이 알기를 원하는가,
모르기를 원하는가?

⑦ 그 돈을 어떻게 할 것인가? 구체적인 계획을 세워 보라.
한 단계씩 자세히 적어 보라.

⑧ 당신이 행복해지기 위한 조건으로 앞에 세운 계획 중에서
어떤 것이 가장 필수적일까?

당신이 세운 계획을 다른 종이에 적어 놓으라. 종이를 지갑이나 핸드백에
넣어 늘 지니고 다니면서 매일 읽어 보라. 당신이 계획을 실현힐 수 있도
록 이끌어 달라는 기도와 명상을 하라. 그 계획이 이루어질 수 있도록 굳
은 믿음을 가지라.

Money
Therapy

Part 02

1

항상 부족한 '올드 게임'

돈의 역사를 알면
현재가 보인다

"우주의 근원에 대한 지식은 과거라는 잃어버린 세계와
미래라는 아직은 상상할 수 없는 세계 사이에 다리를 놓는 것이다.
과거가 우리에게 준 체험을 가지고 있지 않다면
어떻게 미래를 우리 것으로 만들고 또 융화시킬 수 있겠는가?"

칼 융

인간의 삶을 질적으로
변화시킨 돈의 등장

인간과 돈의 역사적인 관계를 탐사하고 그 속에서 벌어진 머니 게임을 고찰하려면 과거라는 시간이 미친 영향과 자신만의 경험이 미친 영향을 두루 살펴보아야 한다. 무의식적 사고 유형과 행동 유형, 그리고 신념은 삶의 뼈대를 이루고 결단의 근간이 된다. 역사는 이런 무의식적 유형과 신념이 형성되는 데 아주 중요한 역할을 했다.

분석심리학을 창시한 칼 융은 모든 인간의 경험이 집단 무의식에 저장되어 우리 삶에 드러나는 모습을 '원형'이라고 일컬었다. 원형은 개인의 마음 안에 존재하며 집단적으로 물려받은 사고와 이미지이 무의식적 유형이다. 원형과 집단 무의식은 행동뿐만 아니라 행동 동기와 습성에 영향을 미친다.

오늘날 인간이 돈과 맺는 관계에는 단순히 개인적 경험만 포함하는 것이 아니다. 거기에는 개인의 삶 이전에 생긴 또 다른 차원의 실재(reality)가 존재한다. 이 실재는 대체로 무의식적 미스터리로 남아 있지만 어쨌든 인간이 그 영향을 받는 것은 사실이다. 집단 무의식과 의식적 실재 사이에 가로놓여 있는 장막을 많이 벗겨 낼수록 돈과 자신의 관계, 그리고 돈이 자기 삶에서 가지는 의미를 더 많이 이해하고 변화를 모색할 수 있다.

이 개념을 좀 더 쉽게 이해하기 위해 자신을 데이터베이스 두 개를 가진 컴퓨터라고 생각해 보자. 데이터베이스 한 개는 태어날 때 이미 하드디스크에 저장되어 있었다. 이것이 바로 집단 무의식이다. 또 다른 데이터베이스에는 태어나서 지금까지 겪은 인생 경험이 저장되어 있다. 지금 겪는 삶으로 얻은 의식과 무의식의 역사가 모두 들어 있는 것이다.

인간을 다른 생물과 구분하여 인간답게 하는 것은 의식이 깨어 있게 하는 능력이며, 이를 통해 현실을 전환하는 능력이다. Part 02에서는 당신의 무의식에 저장된 정보를 검색하고, 그것이 오늘날 당신 삶에서 차지하는 중요성을 타진해 볼 것이다. 방향을 수정하려면 먼저 지금까지 자기가 어디에 있었는지 알아야 한다. 비록 지나간 과거사를 다시 쓸 수는 없겠지만 지식과 창조력이 있다면 미래를 재창조할 힘은 무한하다.

수 세기 동안 돈은 우리 마음을 빼앗고 행동에 영향을 미쳤다. 돈은 3,000년이 넘는 인류 역사 동안 여러 가지 모습으로 나타났다. 조개껍질, 카카오 열매, 돌조각에서부터 신과 정치가의 상이 박힌 다양한 금화, 은화로도 나타났다. 그러나 그토록 오랜 역사에도 불구하고 학교에서는 돈에 대해 가르치지 않고, 사회적으로도 돈에 대해 이해하지 못하는 실정이다.

역사의 목적이 우리가 어디서 왔는지 알아내 거기서 얻는 교훈을 미래에 적용하는 거라면, 역사적으로 돈에 대한 지식을 기껏 격언과 속담에 감추어 둔 까닭이 대체 무엇일까? 똑바로 직시할 수 없을 만큼 돈의 역사가 두려워 무시하기로 한 것일까? 아니면 돈에 대해 설명하는 것은 고사하고 제대로 이해하는 일조차 실패한 것일까? 이토록 진실을 회피하는 이유가 무엇이든 우리의 개인의식과 집단의식을 바꾸려면 돈에 대한 역사적 진실을 근본적으로 이해해야 한다는 것은 분명하다.

돈의 역사

역사적으로 문명이 비약적으로 발전했던 경제적 번영기도 있었지만 돈이 수백 년 동안 사라진 시기도 있었다. 인류가 자신과 세상의 운명을 경제적으로 통제하기 위한 시도를 끝없이 되풀이하는 동안 돈은 몇 번씩이나 역사에서 나타났다 사라지기를 반복했다.

인류 역사가 시작된 이래로 인간은 생존 수단으로서 물건과 용역을 교환했다. 식품, 모피, 담배뿐 아니라 심지어 인간 자신까지 노예라는 상품으로 맞바꿨다. 이런 물물교환은 돈과 상품을 교환하는 것과는 아주 다른 에너지를 지닌다. 상업이 나타난 초기에는 서로 필요해서 마을이 형성되었다. 생필품을 마을 사람들에게 의존할 수밖에 없었기 때문이다.

돈은 이러한 인간의 현실을 바꿔 놓았고 인간의 삶과 경험을 꿈에도 생각하지 못했던 방향으로 급격하게 선환시켰다. 돈이 나타나자 사람들은 점점 서로에게 의존하는 일이 적어졌고 한 마을에 살면서 쌓는 공동체 경험이 점점 더 감소하기 시작했다. 물론 지금도 우리는 이런 마을을 그리워하기는 한다. 돈이 널리 통용되자 인간의 필요와 욕구가 극적으로 변화하여 파악하기 어려운 복합적인 것이 되어 버렸다.

돈의 기원

기원전 3000년경부터 메소포타미아에서 금괴와 은괴가 돈으로 사용되었지만 교역이나 경제에 두루 쓰일 만큼 귀금속이 많지는 않았다. 역사를 뒤바꿔 놓은 진짜 돈은 기원전 560~546년에 재위했던 리디아 왕 크로이소스가 통상에 쓸 목적으로 찍은 금화와 은화였다. 새로운 교환 수단이 나오자 최초로 소매시장이 출현했고, 그 어느 때보다 많은 상품과 서비스를 손쉽게 이용할 수 있었다. 돈이 유통되어 상품과 통상 교역량이 증가함에 따라 인간의 욕구도 증가했다. 금화와 은화를 만든 리디아 사람들이 주사위를 만든 것은 참 흥미로운 사실이다. 돈과 도박의 인연은 그렇게 시작되었는데 둘의 밀접한 관계가 오늘날까지 이어지고 있다.

리디아가 다른 나라를 정벌하기 위해 몇 차례 원정을 하여 소비가 단기간에 현저히 늘어난 탓에 크로이소스 왕이 축적한 부는 바닥이 나고 말았다. 그렇게 리디아 왕국은 망했지만 그들이 세상에 남긴 돈이라는 유산은 누구도 예측하지 못했던 방향으로 세상을 변화시켰다.

이웃 나라였던 그리스 역시 리디아가 금화와 은화를 사용하여 통상에 성공했다는 사실을 잘 알고 있었다. 그런데 우연의 일치로 아테네 근처에서도 은광이 발견되었다. 그리스도 은화를 주조하기 시작했다. 이 일을 계기로 그리스는 머지않아 지중해 동부의 통상권을 장악했다. 교역량이 증가해 막대한 부가 그리스로 쏟아져 들어왔다.

돈은 그리스 사람들이 장사하는 방식뿐만 아니라 인간과 돈의 관계도 바꿔 놓았다. 광범위하게 돈이 사용되자 그리스 내부 사회구조가 변화했고, 동시에 외부 세계와의 유대가 확장되었다. 그 결과 예전에는 이미 알고 지내는 사람이나 생존에 도움이 되는 사람하고만 관계를 맺었는데, 이제는 여기에 안주하지 않고 외부 세계와 관계 맺는 범위가 보다 넓어졌다. 사람과 주변 세상의 관계가 바뀌자 가치관과 믿음도 바뀌었다. 부가 쌓이자 여유 시간이 늘어났고, 새로운 분야에 대한 예술적 관심과 지적 관심이 높아졌다. 역사상 처음으로 돈의 힘 때문에 인간의 창조적 가능성이 새로운 차원으로 올라선 것이다. 돈이 고대 그리스에 지적, 예술적, 영적 쇄신을 일으켰다.

인간의 욕망과
돈의 죄

동전으로 상징되는 주조화(鑄造貨)에 대한 소식은 결국 로마에까지 전해졌다. 로마 사람들도 곧 금화와 은화를 주조해 세계 최초로 화폐 중심적 문명을 건설했다. 지중해 동부에서만 돈을 사용했던 그리스 사람들과 털리 로마 사람들은 세계 최초로 지구촌 시장과 소비자 중심 사회를 형성했다. 돈으로 거의 모든 것을 살 수 있다는 것을 재빨리 간파한 로마 사람들은 돈을 물 쓰듯 쓰기 시작했고 결국 자신까지 파괴하고 나라를 멸망시켰다. 로마인들은 자국에서 물건을 생산하지 않고 외부 세계에 집중적으로 의존했다. 그러다 돈이 모자라면 군대를 동원해서 다른 나라의 부를 약탈했다. 그렇게 하늘 높은 줄 모르고 치솟는 군비와 만족할 줄 모르고 커지기만 하는 욕망, 그리고 화려함의 극치를 달리는 생활양식 때문에 4세기 말에 로마는 결국 좌초하여 멸망하였다.

거대한 화폐 중심 사회가 100년 정도 지속되다가 탐욕의 무게에 짓눌려 스스로 망해 버린 것이다. 모든 중독자가 그러하듯이 로마 사람들도 자기 책임을 직시하여 받아들이지 않고, 몰락의 원인을 돈 탓으로 돌렸다. 로마 제국이 망하자 바로 중세 암흑기가 이어졌다. 로마 사람들이 너무나 편리하게 죄를 뒤집어씌워 희생양이 된 돈은 서구 사회에서 거의 1,000년 동안 자취를 감추었다.

돈에 대한
불신의 씨앗

12세기 초까지 유럽 사람들은 돈을 크게 불신하여 부자도 돈과 직접적인 관계 맺기를 꺼렸다. 그러다 십자군이 이 난국을 해결했다. 예루살렘 솔로몬 왕의 신전 이름을 딴 '템플기사단'이라는 종교 군단이 설립되었다. 템플기사단은 순결하고 믿음이 강했다. 성지와 유럽 귀족을 지키겠다는 선서를 지킨 맹렬한 전사들이었다. 템플기사단은 막강한 국제적 금융 조직을 건설한 후 부자들에게 수수료를 받고 금융 거래 및 자금 보호를 책임지고 있었다. 이들은 많은 사람의 존경을 받았는데, 자신들이 한 선서에 대한 충성심과 책임감으로 볼 때 이러한 존경과 명성은 당연한 것이었다.

이 무렵 프랑스 왕 필립 4세(1268~1314)는 국가 재정난에 시달리고 있었다. 겉으로는 '공정한 왕', '미남 왕'이라는 평을 받고 있었지만 속으로는 무자비하고 허영심이 많았을 뿐만 아니라 만족할 줄 모르는 욕구를 가지고 있었다. 최악의 폭군에 해당하는 사람이었던 셈이다. 그는 템플기사단이 막대한 부를 운영한다는 것을 알고, 어떤 수단을 동원해서든 손에 넣겠다고 마음먹었다. 템플기사단이 많은 사랑과 존경을 받고 있었기에 군대를 동원하는 정공법은 쓸 수 없었던 필립 4세는 무자비한 탄압의 길을 택했다. 그는 템플기사단이 성도착증이 있으며 남색을 했고, 인간을 제물로 삼아 제단에 올렸을 뿐 아니라 인육(人肉)까지 먹었다는 비방을 서슴지 않았다. 궁극적으로 필립 4세는 템플기사단이 악마와 손잡고 부를 축적하고 있다는 인식을 사람들에게 주입시켰다. 필립 4세는 드디어 1310년에 템플기사단을 대중 앞에서 고문하여 허위 자백을 받아 낸 뒤 그들을 화형시켜 버렸다. 그 여파로 그리스도교도들은 성지를 이슬람교도들에게 잃게 된다. 사람들은 템플기사단 이야기가 성경에 나오는 소돔과 고모라 이야기와 함께 인간의 가공할 만한 죄에 분노하여 신이 벌을 내린 경우라고 말한다. 템플기사단이 몰락한 후에 종교계와 정치권은 부의 관리권을 놓고 정식으로 싸움을 벌였다. 그 후 얼마 안 있어 왕의 심각한 재정 남용 때문에 로마에 이어 또 하나의 금융 왕국이 몰락했다. 마침내 권력 싸움을 하던 교황과 필립 4세가 모두 역사 속으로 사라져 버렸을 때 사람들의 집단 무의식에는 오랫동안 지워지지 않을 돈에 대한 부정적 관념이 또 하나 자리 잡게 되었다.

아메리카 대륙에 불어 닥친
최초의 골드러시

콜럼버스가 신대륙을 발견한 지 얼마 지나지 않아 스페인 왕과 포르투갈 왕은 북아메리카와 남아메리카 원주민의 재물을 약탈해 가기 시작했다. 발굴단이 금맥과 은맥을 미친 듯이 찾아 헤맨 결과 엄청나게 많은 금화와 은화가 아메리카에서 전 세계 곳곳으로 흘러들어 갔다. 아무것도 이 거센 물살을 제지할 수 없었다.

스페인과 포르투갈은 1500~1800년 동안에 말 그대로 톤 단위로 금과 은을 유통시켰다. 불행히도 스페인 왕족과 포르투갈 왕족은 이웃나라에서 일어난 불행에서 아무런 교훈도 얻지 못했다. 이들 역시 엄청난 부를 축적해 마음껏 소비했지만 좀처럼 만족하지 못했다. 너무나 많은 돈이 유통되는 바람에 인플레이션이 시작되었고, 한번 시작한 인플레이션은 무슨 수를 써도 수그러들지 않았다. 금과 은이 얼마나 넘쳐 났는지 부자들은 건물부터 옷까지 모든 것을 금으로 입혔다. 상황이 계속되자 금은 힘과 지위의 상징이 되었다.

문제는 왕들이 금이 쏟아져 들어오는 속도보다 빠르게 금을 써 버렸다는 점이었다. 결국 스페인 왕과 포르투갈 왕은 높은 이자를 주고 다른 나라에 돈을 빌릴 수밖에 없었다. 호사스런 생활 방식을 유지하기 위해서 남에게 비싼 웃돈까지 쳐 준 셈이다. 미국 인류학자인 잭 웨더포드는 『돈의 역사와 비밀 그 은밀한 유혹』에서 당시에 돈이 지닌 힘을 잘 그려 내고 있다.

스페인은 아메리카를 정복하고 나서 대량의 은을 세계경제에 흘려보냈지만 그 흐름을 지배하지는 못했다. 중국, 오스만 제국, 페르시아, 러시아의 왕들도 모두 돈을 유통시키고 지배하는 데 실패했다. 스페인이 세계에 유통시킨 은의 힘은 전 세계에 미쳤을 뿐만 아니라 종교나 정치와 전혀 상관없는 독자적인 힘을 가지고 있었다. 아메리카의 부는 미친 듯이 날뛰어 전 세계를 광기로 몰아넣었고, 이후 세계는 판이하게 달라졌다.

마지막 정복자 '미국 달러'

역사적으로 이미 1세기쯤에 중국 사람들은 종이돈, 즉 지폐를 발명했다. 하지만 지폐가 널리 쓰인 것은 18세기 미국에 살았던 벤저민 프랭클린 덕분이다.

그는 일찍부터 현대 경제생활에서 지폐가 할 역할을 확신한 선견지명이 있는 사람이었다. 프랭클린은 매우 영적인 사람이었다. 돈 이상의 것, 예를 들면 사상을 중시했으며 근면과 절도 있는 소비를 주창한 사람이다. 그런 그가 지금 우리를 보면 어떨까?

지폐로 재정을 충당했던 독립전쟁이 끝나자 미국은 곧 빚더미에 앉았다. 미국 달러의 가치가 급락했고 1780년에 마침내 지폐 발행을 중단했다. 지폐에 대한 대중의 불신이 너무 커지자 이후 100년 동안 지폐는 다시 한 번 자취를 감추었다.

1862년 제1차 법정통화령으로 지폐가 다시 출현했는데, 그것은 금 보유고에 해당하는 만큼 통화 가치를 인정하는 것이었다. 이 정책은 1971년까지 금본위제로 뒷받침되었다. 미국 경제가 어려웠던 닉슨 대통령의 재임 시절 베트남 전쟁이 발발했다. 미국 정부는 전쟁 비용을 충당하기 위해 금 보유고가 뒷받침할 수 있는 것보다 훨씬 많은 돈이 필요했다. 닉슨 대통령은 미국 달러를 금본위제에서 완전히 풀어 줄 것을 의회에 요청했고 결국 승인되었다. 역사상 다른 왕이나 지배자처럼 닉슨 대통령 역시 정부에 필요한 자금을 수십억 달러씩 빌리는 데 주저함이 없었다.

오늘날 미국 달러는 명목화폐에 해당한다. 즉 정부가 가치를 인정한 것으로 그 자체로 다른 어떤 가치로 환산하거나 교환할 수 있단 뜻이다. 비록 미국 금 보유고가 1,000억 달러에 해당하지만 이 금은 미국 달러에 아무런 안전장치가 되지 못한다. 우리가 사용하는 돈은 우리가 돈에 주는 믿음과 정부가 화폐를 통제하는 능력으로만 뒷받침될 뿐이다. 이제 돈이 금으로 교환될 수 없기 때문에 돈을 새로 발행할 수밖에 없었다. 그래서 1971년에 새 돈이 인쇄되면서 "소지자(所持者)의 요구에 따라 지급하시오(Payable to the Bearer on Demand)." 대신 "우리는 신을 믿습니다(In God We Trust)."라는 구절이 들어간 것이다.

그렇게 미국 지도자들은 사상 최초로 구체적 실재가 아닌 추상적 믿음에 근거한 통화제도를 만들었다. "우리는 신을 믿습니다."라는 금본위제를 없앤 선택이 사회와 역사에 어떤 영향을 미칠지 전혀 몰랐다는 것에 대한 영원한 증언이 되는 셈이다. 세상과 돈의 운명을 신의 손안에 맡긴 것이다. 정치가들이 알았든 몰랐든 이 결정은 돈에 대한 진실에 인간이 좀 더 가깝게 다가서도록 만들었다.

오늘날 돈의 의미

유사 이래로 수천 년이 흘렀지만 돈과 돈의 의미는 우리 대부분에게 여전히 무의식적인 미스터리로 남아 있다. 이제는 변해야 할 때다. 역사적으로 돈의 흐름이 확장되고 재구성되면 언제나 기존 금융구조와 사회구조가 변화했다. 현대 과학 기술은 상상도 못할 만큼 빠르고 실체가 없는 모호한 돈의 모습을 창조했다. 바로 전 세계적으로 도입되고 활용되는 '전자화폐(digital currency)'다. 이머니(e-money)라고도 부르는 이 돈은 컴퓨터 시대를 선도한 실리콘밸리에서 수확한 금으로 만든 돈이라고 할 수 있다. 이제 새로운 돈이 전 세계로 흘러가고 있다.

선사화폐는 마우스 클릭 한 번으로 지구 곳곳에서 일어나는 금융 흐름을 만들어 낸다. 역사상 이렇게 많은 돈이 이렇게 빨리 이동하여 수많은 사람의 운명을 단 몇 초 만에 바꿔 놓은 적은 없었다. 우리는 이토록 막강한 힘을 창조한 것이다. 그런데도 여전히 돈과 우리 삶의 관계는 안개에 싸여 있다. 우리가 돈에 대한 궁극적인 의식이 없는 상태에서 지금까지 주변 세상을 창조해 온 것이 사실이라면, 돈에 대한 의식을 갖춘 다음에는 어떤 굉장한 일을 할 수 있을지 한번 상상해 보라.

당신의 실재를 변화시키고 구체화할 능력은 당신이 가진 의식 수준과 비례한다. 돈과의 관계를 바꾸고 싶다면, 돈에 대한 신념과 그것이 어떻게 형성되었는지를 돌아볼 수 있어야 한다. 이에 대한 의식 수준이 높아짐에 따라 욕구를 구현할 내적 힘을 이미 자기 안에 갖고 있다는 사실을 깨달을 것이다. 그러나 먼저 자신 속으로 내면 여행을 해야 한다. 자기 삶 안에서 돈이 가지는 심층적 의미와 목적을 찾을 수 있어야만 한다.

돈은 인간의 양면성을 잘 대변해 준다. 모든 동전과 지폐에 양면이 있다는 사실은 결코 우연이 아니다. 한쪽 면은 물질세계를 정복할 수 있는 개인의 집단적 능력을 나타낸다. 다른 쪽 면은 영적 차원, 즉 내면세계를 정복할 수 있는 능력을 나타낸다. 두 가지 측면은 동등하게 중요하다. 우리가 염두에 두지 못한 채 놓치고 있는 측면은 바로 영적 차원이다.

이제 동전을 뒤집어 놓고 들여다보면서 돈의 영적 차원을 탐색해 보고 이것이 깨달음에 이르는 기회를 준다는 점을 이해해 보라. 돈의 진실한 목적과 의미를 이해하지 못한 채 소유하려 한다면 혼란과 상실이 더욱 커진다. 돈의 진정한 의미를 깨달을 때까지 우리는 돈과 물질세계의 노예로 살아야 한다.

우리가 하고자 하는 여행은 돈에 대한 여행이 아니다. 자신에 대한 여행이다. 자신이 누구인지, 자신의 삶의 소명과 길을 찾아서 마치 고고학자가 된 듯이 진실 한가운데로 땅을 파서 들어가는 것이다. 자신의 진실에 가까이 다가갈수록 보이지 않는 풍요의 원천에 가까워진다. 원천은 끝이 없을 뿐만 아니라 누구나 가지고 있는 것이다.

돈의 신세대

인간은 새로운 모습의 돈을 창조하고 다루기 위해 많은 지식을 쌓고 있지만 아직 배워야 할 것이 더 많다. 인류 역사를 살펴보면 돈과의 관계를 둘러싼 무의식적 두려움과 불신의 근원을 이해할 수 있다. 그러나 그건 단지 일부분일 뿐이다. 우리는 개인의 역사와 돈에 대한 개인적 경험을 꼼꼼히 검토하고 이해해야 한다.

다음 장에서는 여덟 가지 머니 타입이 어떻게 돈과의 관계를 만들어 내는지 설명할 것이다. 거기서 당신의 삶에 주된 역할을 하는 머니 타입도 찾을 수 있을 것이다. 머니 타입은 개인적 삶의 역사로부터 발달한 무의식적 성향에 근거한 것이다. 이 역사 중 일부는 유전된 사고 유형일 수도 있고 집단 무의식으로 전해진 것일 수도 있다. 우리는 자신의 머니 타입을 잘 탐구함으로써 자신의 삶이라는 드라마에서 돈이 어떤 역할을 해왔는지 알 수 있을 것이다.

우리 모두에게는 살아온 이야기가 있다. 어떤 사람에게는 좀 더 극적인 이야기, 또는 남보다 많은 이야기가 있을지도 모른다. 자신만의 드라마에 강한 애착을 보이며 유산처럼 소중히 간직하고 싶어 하는 사람도 있을 것이다. 반면 자신의 이야기가 창피하고 부끄러워 남에게 말하는 것조차 불편한 사람도 있을 것이다. 중요한 것은 자신의 이야기를 해야만 한다는 것이다. 이야기를 통해서 자신의 드라마를 객관적이고 의식적인 눈으로 다시 한 번 살펴보아야 한다. 머니 타입 테스트는 개인의 역사라는 맥락에서 당신과 돈의 관계를 탐구하는 데 도움이 될 것이다. 머니 타입 테스트가 끝나면 당신은 자신의 머니 타입이 돈과의 관계에서 어떤 신념이나 행동을 유발시켰는지 알게 될 것이다.

Money
Therapy

당신의 머니 자서전

머니 일지를 꺼내서 다음 질문에 대한 답을 기록해 보라.

❶ 돈과 관련된 가장 어릴 적 기억은 어떤 것인가?

❷ 그때 당신은 몇 살이었는가?

❸ 그때 경험은 어떠했는가?

❹ 그 경험이 당신 삶에 어떤 영향을 미쳤는가?

위 질문에 대한 답에서 출발해 당신만의 머니 자서전을 쓰라. 당시 무슨 일이 일어났는지, 그때 당신은 몇 살이었는지, 느낌이 어땠는지를 기억나는 대로 상세하게 기록하라. 당신의 머니 자서전에서 주요 인물은 누구이며 그들에게서 돈에 관해 어떤 메시지, 유형, 태도 등을 배웠거나 물려받았는가? 다 쓰고 난 후, 다음 질문에 답해 보라.

⑤ 당신 개인사가 오늘날 돈과 당신의 관계에 대해 무엇을 말해 주는가?

⑥ 돈에 대한 가치, 신념, 판단이 당신의 개인적 경험과 가족사에
어떤 식으로 관계를 맺었는가?

⑦ 돈에 대한 가치, 신념, 판단 중에서 어떤 것이 여전히
당신 인생에 작용하고 있는가?

⑧ 돈에 대한 가치, 신념, 판단은 당신에게 이로운가, 해로운가?

⑨ 지금까지 당신과 돈의 관계는 당신이 원하는 것인가? 아니라면
당신은 돈과 어떤 관계를 맺고 싶은가?

Money
Therapy

Part 03

1

여덟 가지 머니 타입

머니 타입을 알면
내가 보인다

"우리 삶과 주변 사람들의 삶을 형성하는 것은
우리가 별로 의식하지 못하면서 하는 생각과 행동이다."

새뮤얼 버틀러

Money
Therapy

돈과 건강한
관계를 맺어라

사람들은 대부분 돈 문제를 가지고 있다. 돈 때문에 생긴 마음속 응어리나 감정, 체험은 사람들이 자신을 가두고 좌절시키는 행동을 되풀이하게 만든다. 당신이 경제적 문제를 어떻게 결정하는지 알아보려면 돈 이면에 무엇이 있는지 살펴보아야 한다. 그러면 당신과 돈의 관계를 향상시키는 방향으로 한 걸음 다가설 수 있다.

수년간 재정 자문가로 일하면서 나는 돈에 반응하고 돈을 다루는 여덟 가지 기본 유형을 발견했다. 이 여덟 가지 머니 타입 중에 자신이 어디에 해당하는지 알면 이전에 겪었던 돈에 대한 갈등이나 문제 이면에 놓인 근본 원인을 알아낼 수 있다.

당신이 세운 경제적 목표에 이르기 위한 첫 단계는 머니 타입을 아는 것이다. 머니 타입을 찾은 후에는 머니 머지션이 되려고 노력하라. 머니 머지션은 우리 모두가 도달하고자 노력해야 하는 목표이다.

어떤 사람들은 매우 열심히 세심하게 경제 설계를 하지만 늘 같은 실수를 되풀이한다. 또 다른 사람들은 아무런 계획도 세우지 않는다.

내가 경험한 바로는 돈에 감춰진 내면세계를 솔선해서 탐험하는 사람들이 경제 목표에 도달할 확률이 높다. 이들은 좀 더 쉽게 경제적 결정을 내리고 돈을 끌어모으며 꿈을 이뤘다. 돈과 건강하고 의식적인 관계를 이루는 것이 부와 직접적인 관계가 있는 것이 분명하다.

머니 머지션이 되려면 시간과 인내심이 필요하다. 첫 번째는 자기 내면을 들여다보고 왜 머니 머지션이 되고 싶은지 알아야 한다.

여덟 가지 머니 타입은 무의식에 저장된 반복적인 행동 유형으로 표출되곤 한다. 자신의 머니 타입을 발견하고 제대로 평가하면 자신에게 꼭 맞는 맞춤형 일대일 경제 교육을 시작할 수 있다. 이 책에서 제시하는 독특한 머니 테라피라는 관점에서 개인적 삶의 배경, 신념, 그리고 경험에 기초해 자신만의 독특한 경제 행동을 찾을 수 있게 된다. 그 과정에서 자신의 장기적 목표를 실현하는 데 많은 도움을 받을 수 있다.

머니 타입의 여덟 가지 유형

사람들은 대부분 여덟 가지 머니 타입 중 한 가지 유형에 속한다. 다양한 성격을 정의하는 칼 융의 원형이나 에니어그램처럼 머니 타입은 사람들이 돈과 맺는 관계를 간단히 찾아내서 평가하게 해 준다. 자신의 머니 타입을 이해한 후에는 의식을 갖고 머니 타입을 선택하는 방법을 배울 것이다. 그 결과 일상생활에서 작용하는 돈의 흐름이나 머니 역학을 개선하게 될 것이다.

나는 이 책에서 여덟 가지 머니 타입을 머니 게임에서의 플레이어라고 부를 것이다. 사람들은 삶의 많은 분야에서 성공해도 경제적 결정을 내려야 하거나 돈에 대한 변화와 위기가 닥쳤을 때는 비효율적이고 감정적인 접근법에 매달린다. 우리는 심층에 깔린 돈에 대한 무의식적 감정과 신념을 알아내 여러 삶의 문제를 의식을 가지고 접근할 수 있다. 다음은 여덟 가지 머니 타입에 대한 구체적인 설명이다.

첫 번째 머니 타입

순진형

특징

순진형(Innocent:순진형은 세상 물정을 잘 모르는 천진난만하고 악의 없는 사람이라는 뜻—옮긴이)은 돈에 대해 현실 도피적 접근법을 쓴다. 머리를 모래 속에 처박고 주변에서 일어나는 일을 아무것도 보려 하지 않는다. 이런 사람들은 경제적 정보가 있을 때 쉽게 압도당하거나 질려 버려서 다른 사람들의 의견이나 권유에 많이 의존한다. 아마도 여덟 가지 머니 타입 중에서 순진형이 다른 사람들을 가장 잘 믿을 것이다. 다른 사람들의 행동이나 동기를 식별하고 판단하는 법을 배우지 못했다는 점에서 이들은 어린아

이와 같다. 물론 매우 사랑스럽고 끌리는 특징이지만 현실 세계를 살아가는 성인이 가질 태도로는 매우 위험하다.

인간은 누구나 순진형으로 삶의 여행을 시작한다. 점점 성장하고 발전하면서 어수룩한 초보 티를 벗고 그 자리에 외부 세계와 접촉하여 얻은 성숙한 경험이 들어선다. 순진형의 목적은 무슨 수를 써서라도 안전을 확보하는 것이다. 순진형들이 가지는 주된 공포는 버림받는 것이다. 순진형에는 남녀가 모두 있지만 내 경험으로는 여성이 남성보다 훨씬 많다. 많은 여성이 순진형이 된 것은 아마도 문화적 전통 때문인 것 같다. 여자들은 전통적으로 어릴 때부터 자기주장을 하면 안 되고 남이 하는 말을 믿어야 한다고 배웠기 때문이다.

순진형이 사랑하거나 결혼하는 대상은 주로 군주형이나 전사형이다. 두 유형은 순진형을 구해 주는 일에 큰 보람을 느낀다.

순진형의 특징	
남을 지나치게 잘 믿음	경제적으로 의존적임
우유부단함	현실도피
겉으로는 무사태평한 것 같음	무력감을 느낌
속으로는 불안하고 두려움이 있음	감정과 신념을 억누름

발전 과제

순진형은 자신의 힘을 되찾는 법을 배워야 한다. 자신이 능력이 있다는 것을 알고 거기서 안전을 구해야 한다. 자신이 가진 독립성을 경험함으로써 버림받는 것에 대한 공포와 지나친 순진함에서 벗어나야 한다. 머지않아 그는 자신만의 힘을 충분히 경험할 수 있을 것이다.

순진형은 『오즈의 마법사』(1900년 미국 작가인 프랭크 바움이 쓴 아동문학으로 소녀 도로시가 오즈 대륙에서 겪는 모험을 서사적으로 서술한 것이다. 등장인물들은 고귀한 신분은 아니지만 자신만의 장점을 가지고 있다. 다만 그것을 깨닫지 못했을 뿐이다. 그래서 그들은 하나같이 겸손하다─옮긴이)에 나오는 도로시 같다. 도로시는 아무리 훌륭한 마법사라도 자신을 집으로 데려다줄 수 없다는 사실을 배워야 한다. 내면의 힘을 발견하면 집으로 가는 길을 찾을 수 있다.

두 번째 머니 타입

피해자형

특징

피해자형(Victim)은 늘 과거에 살면서 자신이 처한 경제적 고난을 외부 탓으로 돌리고 스스로 피해자라고 여긴다. 이들은 자신의 감정을 직접적으로 행동하기보다는 간접적으로 표출할 때 공격적이어서 공격형처럼 보이기도 한다. 하지만 대개 겉모습은 순진형으로 보인다. 매우 무기력하고 다른 사람들이 돌봐 주기를 바라는 모습이 있기 때문이다. 그러나 겉모습은 대개 자신이 하기 싫은 것을 남에게 시키기 위해 사용하는 의식적, 또는 잠재이시저 채략일 뿐이다.

피해자형은 성공하지 못한 이유에 대해 장황하고도 지루한 핑계를 댄다. 거의 사실보다는 드라마에 근거한 것들이다. 하지만 그런 성향을 제공한 원초적 경험이 없었다는 뜻은 아니다. 대체로 피해자형은 학대를 받았거나 배신당한 경험이 있고 큰 손실을 입은 사람들이다. 문제는 고통을 삭이거나 받아들이고 여과하는 과정을 거치지 않았다는 점이다. 그래서 고통이 거꾸로 자신에게 공격을 퍼붓는 것이다.

피해자형은 스스로 충분히 고통받았다고 생각하기 때문에 자신을 구해 줄 사람을 찾는다. 이들은 항상 이런 말을 하고 다닌다.

"나는 이미 대가를 치렀단 말이야. 이 전쟁의 상처를 보라고. 내 보상은 도대체 어디 있어?"

피해자형의 특징

다른 사람 탓을 함	분개함
아주 감정적임(우울, 분노)	용서하지 못함
과거에 집착함	중독적인 성향
경제적으로 무책임함	무력감을 느낌
구해 줄 사람을 찾음	부정적으로 생각함

발전 과제

피해자형의 패러다임을 전환하려면 과거의 상처를 이해하고 치유해야 한다. 지금까지 자문하고 상담해 온 모든 머니 타입 중에서 자신의 가능성이 들어 있는 금고 열쇠를 꼭 쥔 채 내놓지 않는 대표적인 유형이 바로 피해자형이었다. 피해자형은 마치 어느 때부터인가 자신이 누릴 미래보다 지나온 과거와 역사가 훨씬 더 중요하다고 못 박아 버린 사람 같다.

이들은 일생을 과거의 드라마를 그대로 재현하는 데 집착하면서 산다. 물론 평생 동안 계속되는 이 드라마에서 당신이 주인공이며 제작자인 동시에 감독이라면 그 역할들을 내놓는 것이 쉽지 않을 것이다. 하지만 과거의 드라마를 고수하는 것은 위험을 수반한다. 다시는 좋은 배역을 못 잡을지도 모르기 때문이다.

피해자형의 주된 공포는 배신당하는 것이다. 우습게도 피해자형이 가장 많이 배신당하는 대상은 자기 자신이다. 피해자형의 첫 번째 과제는 과거 경험을 변화를 위한 강력한 도구와 촉진제로 사용하는 방법을 깨닫는 것이다. 피해자형이 내면 여행으로 과거 상처를 치유했을 때 온전히 현재 삶 속으로 들어갈 준비가 된 것이다. 그때까지 이들은 진정한 의미에서 현재에 살지 못하며 미래가 있다는 보장도 없다. 그저 과거 드라마를 재상영하면서 살지만 아무리 좋은 이야기라도 이윽고 단조로워짐을 피할 수는 없다.

이 드라마에서 빠져나오는 것은 자신이 늘 피해자라고 생각하는 피해자형에게 매우 의미 있는 일이다. 피해자형은 진정으로 고통받았기 때문에 삶의 지혜를 터득하면 진정한 자비, 사랑, 그리고 이해심을 발휘한다. 이런 품성들이 바로 머니 머지션이 되기 위한 필수 요소이다.

내 고객 중에 가장 극적으로 삶을 전환한 사람은 전형적인 피해자형인 자넷이다. 그녀의 상담 목적은 자신의 경제생활을 이해하고 정리하는 것이었다. 그녀는 아주 똑똑하고 좋은 직업을 가졌지만 늘 경제적인 어려움에 직면했다. 그녀가 어린 시절과 돈에 대한 가족의 경험을 들려주었을 때 나는 과거 생활 유형을 되풀이하고 있음을 알았다. 중하층 가정에서 성장한 그녀는 어린 시절부터 늘 쪼들리며 살아왔다. 그녀는 집에 돈이 없어서 늘 꿈꿔 왔던 변호사가 될 수 없다고 느꼈다. 대학까지는 어렵게 졸업할 수 있었지만 그것이 전부였다. 설상가상으로 아버지가 돌아가시자 어린 동생 둘을 키워야 하는 어머니를 위해 일을 할 수밖에 없다고 생각했다. 결국 변호사의 꿈을 접은 그녀는 절망에 빠졌다. 그녀는 언제나 모든 일을 자기 손으로 해야 하며 누구도 도와주지 않고 누구도 믿을 수 없다며 투덜거렸다.

자넷은 자기 삶 속에 있는 모든 사람에게 분노와 원망을 가지고 있었다. 경제적으로 많은 빚을 졌으며, 공과금을 제대로 내지 못했고, 빚쟁이들에게 쫓기고 있었다. 그녀는 두 번 결혼했지만 두 남편 모두 자기를 제대로 배려하고 돌봐 주지 않았다고 느꼈다. 나는 그녀에게 머니 테라피를 받겠다고 동의해야만 도와줄 수 있다고 말했다. 그렇게 하지 않으면 곧 예전의 그 자리로 돌아갈 것을 알기 때문이었다.

다행히도 자넷은 자신이 처한 상황에 몹시 지쳐 있었기 때문에 제안을 순순히 받아들였다. 1년이 지났을 때 그녀의 삶은 완전히 변화되었다. 나와의 상담을 통해 배신감으로 인한 분노를 표출하는 법을 배웠고 그런 감정 때문에 자신의 삶을 책임지지 못했다는 것을 알게 되었다. 마음속으로 늘 같은 감정의 테이프를 너무 많이 틀어서 일종의 '주문(呪文)'이 되어 버린 것이다. '내가 좀 더 부잣집에 태어났다면, 부모님이 나를 좀 더 도와주었다면, 내 남자가 조금만 더 나를 사랑해 주었다면….'

자넷은 머니 테라피로 뿌리 깊은 피해의식이 경제생활에도 결정적인 영향을 미쳤음을 받아들이게 되었다. 경제적으로 성공하지 못했다는 것에 스스로 지나치게 신경을 써 왔다는 것도 알게 되었다. 중요한 기회를 어떻게 빼앗겨 왔는지 증명해 주는 것이 바로 그녀의 실패였다. 깊은 배신감을 마치 영광의 배지처럼 달고 다녔던 그녀의 경제 상태는 실패의 상징이었다. 의식이 자라남에 따라 그녀는 서서히 깨어나서 결과적으로 자신에 대한 책임감을 회복했다. 한때 커다란 꿈을 가졌던 젊은 여성, 아르바이트로 학비를 벌어 대학을 졸업했던 이 여성은 실로 지성적이고 강하며 능력이 있었던 것이다.

내면에 쌓인 분노와 원망을 배출해 내고 정리하면 우리는 빛으로 나아갈 수 있고 진정한 자신이 될 수 있다. 이 과정에서 우리는 영적인 존재로서 밖으로 드러난 사건과 사실이 중요하지 않다는 점을 알게 된다. 풍요로운 삶을 살기 위해서는 자신의 참된 본질을 바라볼 수 있어야 한다.

자넷은 자신의 소명이 변호사가 되는 것만이 아니라는 것을 깨달았다. 결과적으로 그녀는 회사와 개인이 장애에 부딪혔을 때 본질적인 문제를 인식하도록 도와 다음 성취 단계로 이끌어 주는 컨설턴트가 되었고 높은 급료를 받게 되었다. 그녀는 현재 자기 삶을 전환시킨 것이 무엇이었는지 다른 사람들에게 가르쳐 주는 일을 하고 있다. 그녀는 이제 지혜를 바탕으로 물질적 풍요까지도 창출할 수 있는 머니 머지션이 되었다.

세 번째 머니 타입

전사형

특징

전사형(Warrior)은 돈의 세계를 정복하러 나선 사람들이다. 전사형은 대체로 사업이나 경제적으로 성공한 사람이 많다. 전사형은 능숙한 투자가이며 집중력이 강하고 과단성이 있으며 통제를 잘한다.

전사형은 다른 사람의 충고에 귀를 기울이기도 하지만 결정은 자신이 내린다. 이들은 본능적 감각과 지혜가 인도하는 대로 따르며 자신을 믿는다.

전사형에는 열정적인 사업가와 높은 전문성을 발휘하는 협상가에서 무슨 수를 써서라도 반드시 이겨야 하는 사람에 이르기까지 다양한 유형이 존재한다.

전사형의 특징	
강인함	자신감이 있음
의욕이 넘침	계산적임
목표지향적임	관대함
충실함	남을 잘 구해 줌
경쟁적임	지혜로움
절도가 있음	분별력이 있음
경제적으로 성공함	

전사형의 문제는 적과 맞수를 구분하지 못하는 것이다. 겨뤄 볼 만한 가치가 있는 맞수는, 겉으로는 적으로 보이지만 내면에는 성장 가능성과 무한한 잠재력을 지니고 있다. 이들은 언제든지 칼을 내려놓고 배울 자세를 취해야 하는 상대이다.

맞수는 자신과 가장 알력이 많은 사람들 중에 있다. 한 발 뒤로 물러나서 그가 가르쳐 주는 내용과 진실을 알아볼 때, 표면적 갈등을 성장 기회로 받아들일 때, 적은 자신을 위해 일해 준 고마운 사람이 된다.

발전 과제

전사형이 가장 두려워하는 것은 누군가에게 의존하고 힘을 잃는 것이다. 전사형의 최우선 과제는 자신이 진정 보호하거나 정복하려는 것이 무엇인지 이해하는 것이다. 정말 중요한 것은 주변에 경계선을 긋는 것이다. 다시 말해 칼을 들어야 할 때와 내려놓아야 할 때, 그래야 하는 이유를 아는 것이다. 사람들은 내면에 어느 정도 건강한 전사형 기질이 필요하다. 무엇인가를 시작하고 이루는 것은 바로 이런 차원에서 시작되기 때문이다. 문제는 전사형이 주로 어떤 대가를 지불하는지다.

나는 어렸을 때나 성인이 되었을 때도 대부분 전사형으로 살았다. 사람들은 재미있고 신의가 있으며 남을 보호할 줄 알고 믿음이 가는 나를 좋아했다. 그러나 나는 싸움꾼이었다. 나 자신이나 다른 사람들에게 불공정한 일이 일어나면 맹렬하게 대응했기 때문에 내 삶에는 갈등과 알력이 많았다. 언젠가 언니가 이런 말을 해 주었다.

"너는 왜 만날 맞서 싸우니? 그저 입을 꾹 다물고 있으면 그렇게 문제가 많이 생기지 않을 텐데 말이다."

나는 리더였고 언제나 우두머리가 되고 싶었다. 시간이 지나면서 나는 조금씩 고립되었다. 성숙해지면서 내 행동이 주변 어른까지도 겁먹게 한다는 것을 알았다. 사람들은 대부분 웬만해서는 전사형과 설전을 벌이지 않는 것이 낫다. 그들은 순식간에 예리한 면도칼 같은 사람이 되며 상대의 약점을 모두 알기 때문이다.

나는 스스로 영적인 치유를 하는 동안 큰 진리를 깨달았다. 내가 늘 정서적으로 중무장을 하고 있었고 그토록 있는 힘껏 보호하려 했던 대상이 바로 나 자신이었다는 점이다. 언제나 경제적인 오르막길에서 넘어졌지만 한 번도 다른 사람들에게 도움을 청할 수 없었다. 전사는 결코 도움을 청하지 않는 법이다. 도움을 청한다는 것은 자신이 약하다고 인정하는 것인데, 전사가 두려워하는 것이 바로 자신의 약함이기 때문이다.

나는 20대 중반에 영적인 위기를 겪고 있다는 것을 알았다. 대단한 독서광이었던 나는 언제나 좋은 책에서 위안을 찾았다. 바로 그때 나는 미국의 작가이면서 자기계발 전문가인 샥티 거웨인의 『나는 날마다 좋아지고 있다』를 읽으며 삶에 대해 새롭게 눈뜨게 되었다. 그 책을 통해 그동안 알지 못했던 또 다른 면이 내 안에 숨어 있다는 사실을 깨달은 것이다. 나는 상담이 필요하다고 느껴서 스스로 전문 카운슬러를 찾아갔다. 지금까지의 나를 바꾸고 새로운 미래를 만들기 위해서는 새로운 능력과 이해가 필요하다고 상담을 요청했다. 다행히 카운슬러로부터 큰 도움을 받을 수 있었고 우리는 함께 내면 여행을 떠났다. 이 여행은 지금까지의 내 삶을 완전히 바꾸어 놓았다.

나는 마침내 칼을 내려놓게 되었고 왜 그토록 오랫동안 칼을 가슴 깊이 품고 다녔는지 알게 되었다. 내가 받았던 상담은 심리적이면서 영적인 여행이었다. 저 건너편에는 하나의 진정한 빛이 있다. 그것은 바로 당신이면서 자신 안에 있는 혼이기도 하다. 그것은 또한 신이 당신을 통해 빛나고 있는 것이다.

네 번째 머니 타입

희생자형

특징

희생자형(Martyr)은 다른 사람들을 챙기고 돌보느라 너무 바빠서 정작 자신을 소홀히 하는 경향이 있다. 일반적으로 희생자형은 자신보다는 남을 위해서 더 많은 일을 한다. 이들은 자녀, 배우자, 친구, 애인을 어떤 어려운 상황에서든 늘 구해 준다. 희생자형의 문제점은 타인에게 도움이나 자신감을 줄 때 늘 나름대로 대가를 바라기 때문에 그들이 자신의 기대에 미치지 못할 때는 실망을 한다는 것이다. 결국 실망이 쌓여 가면서 자신의 고통에 무의식적으로 집착하게 된다.

희생자형은 두 가지 서로 다른 에너지 사이에서 움직인다. 하나는 대장이 되어 남을 통제하고 지배하려는 에너지이며 다른 하나는 큰 도움이 필요한 어린아이처럼 상처받은 에너지라고 할 수 있다.

희생자형은 완벽주의자가 많고 자신과 남에 대해 높은 기대치를 가지고 있다. 자신이 언제나 옳아야 한다는 욕구에 너무 많은 에너지를 쏟기 때문에 꿈을 실현하는 능력도 대단하다. 희생자형도 피해자형처럼 드라마 같은 삶을 살며 감정 기복이 심할 뿐만 아니라 부정적 경험에 매여 있기 때문에 심리적으로 불안하다. 이들은 물이 든 컵을 볼 때 물이 '반이나 있다'고 생각하기보다는 '반밖에 없다'고 생각하는 경향이 있다.

이들은 흔히 부정적인 것에 초점을 두기 때문에 자기 경험에 내재한 깊이 있는 지혜를 깨닫지 못한다.

희생자형의 특징	
지배적임	비판적이며 판단적임
남을 잘 이용함	완벽함
참을성이 있음	분개함
숨기는 경향이 있음	수동적-공격성
남을 잘 도와줌	인정이 많음
자기희생적임	지혜로움
실망함	

자기 상처를 치유하기 위해 영적 치유 작업을 하려는 마음을 가진 희생자형들은 훌륭한 치유자가 될 수 있으며 최상의 머니 타입인 머니 머지션이 될 능력을 이미 갖고 있다고 할 수 있다. 134쪽의 존의 이야기는 이런 희생자형의 좋은 예이다.

발전 과제

희생자형은 자기 상처를 치유하기 위해서라도 인생을 살아갈 때, 보다

부지런하고 성실한 자세를 가져야 한다. 돈을 지배 수단으로 사용하지 말아야 하며 아무도 자신을 사랑하지 않는다는 상처를 치유해야 한다. 또한 자신을 보호하려는 마음에서 벗어나야 한다.

희생자형이 지금까지의 부정적 감정에서 벗어날 수만 있다면 앞으로 더 높은 단계의 성숙한 삶을 살아갈 수 있다.

다섯 번째 머니 타입
무모형

특징

무모형(Fool : 원어대로 한다면 무모형은 바보형이라고 해야 할 것이다. 세상 물정을 잘 모르는 바보 같다는 뜻이다. 하지만 여기서는 세상 물정을 모른다는 의미와 함께 앞뒤를 살펴보지 않고 저지르는 경향이 있다는 점을 부각해서 무모형이라고 한다―옮긴이)이 기준으로 삼는 법칙은 다 다르다. 무모형은 본질적으로 도박사 같은 경향이 있어서 항상 경제적인 지름길을 택해서 떼돈을 벌고 싶어 한다. "바보에게 돈을 주면 금방 바닥난다(이 말은 "어리석은 사람은 곧 가난하게 된다"라고도 해석할 수 있으며 생각과 조심성 없이 돈을 마구 쓸 때 해 주는 격언이기도 하다―옮긴이)."라는 익숙한 격언이 맞긴 하지만, 그럼에도 불구하고 무모형은 언제나 주사위를 던질 준비가 되어 있기 때문에 때때로 큰돈을 벌기도 한다. 하지만 반대로 쉽게 돈을 잃기도 한다 '못 먹어도 고!'라는 식의 모험을 감행하기 때문이다.

사실 무모형은 순진형과 전사형의 복합체이다. 순진형과 마찬가지로 무모형은 판단력이 결여되어 사태의 진실을 제대로 보지 못하는 경우가 많다. 천성적으로 모험가적인 기질을 가진 탓에 순간적으로 마음 가는 것에 쉽게 빠져들지만 자질구레한 것에는 별로 신경을 쓰지 않는다.

무모형이 순진형과 다른 점은 비교적 하는 일에 두려움이 없고 상황이 어떻든 영원한 낙천주의자라는 사실이다. 언제나 위험을 잘 헤쳐 나가는 것 같고 쉽게 패배하지 않는다는 면에서 무모형은 전사형과 비슷하다. 그러나 세상을 정복하러 나갔다가 쉽게 주의가 산만해진다는 면에서 전사형의 특징인 '절도'가 부족하다.

무모형이 돈벌이에 관심을 보이는 이유는 돈을 스포츠나 오락 수단으로 여기기 때문이지 진지한 생각이 있어서가 아니다. 무모형은 하나뿐인 셔츠라도 마음이 내키면 앞뒤 생각 없이 벗어서 남에게 던져 주는 사람이다.

무모형의 특징	
침착하지 못함	지나치게 관대함
절도가 없음	겉으로는 태평한 것 같음
경제적으로 무책임함	모험적임
충동적임	오늘이 중요함
낙천주의	

발전 과제

무모형은 좀 더 의식을 가지고 깨어 있는 훈련을 해야 하며, 쉽게 벌고 쉽게 잃는 방식을 개선해야 한다. 이들은 내적으로 놀라운 품성을 가지고 있어서 잘 성장하면 머니 머지션이 될 가능성이 매우 높다. 이들은 지금 이 순간을 살면서 미래의 결과에 대해서는 아무런 집착 없이 초연한 경향이 있다. 이들은 대부분 단순한 추구가 주는 즐거움 자체를 원한다. 무모형의 이러한 특성은 우리가 배울 만한 점이기도 하다. 그러나 무모형은 참된 삶의 지혜를 얻기 전까지 계속 돈을 쉽게 벌고 쉽게 잃는 일을 반복할 것이다. 왜냐하면 아무런 주의를 기울이지 않기 때문이다.

여섯 번째 머니 타입
예술가형

특징

예술가형(Creator·Artist)에는 정신적이고 예술적인 분야에 헌신하는 사람들이 많다. 이들은 물질세계에 사는 것을 매우 힘들어한다. 그러면서 돈에 대해 애증의 감정을 동시에 가지고 있어서 모순되고 갈등하는 이중적인 모습을 보인다. 돈이 가져다주는 자유 때문에 돈을 사랑하지만 돈과 관계된 물질세계에는 참여하고 싶은 마음이 별로 없다. 예술가형은 자신의 내면세계에는 지나치게 잘 동화되지만 물질세계에는 이질감을 느낄 뿐만 아니라 심지어 물질세계에 사는 다른 사람들을 경멸하기까지 한다. 하지만 물질주의에 대한 이런 부정적 가치관은 이들이 간절히 원하는 자유를 얻는 데 방해가 될 뿐이다. 예술가형이 가장 두려워하는 것은 자신에게 솔직하지 않거나 진실하지 않는 것이다.

예술가형은 돈이 없어서 늘 경제적 어려움에 허덕인다. 재능이나 야망이 없어서가 아니라 스스로 부를 창출하는 능력을 무력화시키는 가치관을 가지고 있어서다. 창조적이고 예술적인 일을 하는 사람들은 대부분 돈에 대해 부정적인 관념을 가지고 있다. 이 가치관을 지속하는 한 스스로 한계를 긋고 돈의 흐름을 막는 악순환을 반복한다.

나는 예술가형을 많이 만나 왔고, 또 상담해 보았기 때문에 그들에게 남다른 친밀감을 느낀다. 그들이 영성이나 창조성 같은 정신세계가 별로 존중받지 못하는 세상에서 사는 것을 얼마나 힘들어하는지 잘 안다. 그러나 현실을 원망만 하는 것은 아무런 도움이 되지 않는다. 정신세계와 물질세계의 괴리만 더욱 넓힐 뿐이다. 두 세계의 간극을 좁힐 방법을 나름대로 찾아야 한다. 내 친구들과 고객들을 살펴봐도 양쪽 세계에 두 다리를 걸치고 두루 포용했던 사람들이 가장 성공적이고 행복한 삶을 살았다.

수년 전에 레이라는 미술가 고객을 상담한 적이 있다. 나는 작품에 가격표를 붙이지 말라고 조언했다. 대신에 사람들이 생각하는 작품 수준에 맞게 가격을 제안하는 것이 어떻겠냐고 했다. 그는 그저 자연스런 흐름을 따르기만 하면 되는 것이다. 즉 스스로 최선을 다한 후에는 신과 우주에 맡겨서 원하는 얻어 보라고 했다.

예술가형의 특징	
고도로 예술적임	현실에 아랑곳하지 않음
고도로 정신적임	비물질적
수동적임	고독한 사람임
내적으로 동기화됨	진리를 추구함

그를 보고 나는 직감했다. 자기 작품이 대단하다고 생각하기 때문에 높은 가격을 매기는 데 집착하고 있었다. 그것이 오히려 그의 내면에 저항을 일으켜 돈의 흐름을 막고 있었다. 작품은 훌륭했지만 자아 존중감은 낮았다. 정신적으로나 예술적으로나 발전된 사람이었지만 아주 중요한 삶의 모자이크 조각 하나를 분실하고 있었다. 우리가 저항하고 있는 것이 바로 변화의 관문이라는 사실을 깨닫는 것은 결코 쉬운 일이 아니다.

레이는 내 권유를 별로 달가워하지 않았고 잘 받아들이려 하지 않았다. 자신의 작품에 대가를 요구하는 것은 그에게 당연한 권리였기에 재론의 여지가 없었다. 나는 더 이상 충고나 조언을 하지 않기로 했다. 그런데 그 일이 있은 지 약 1년 정도가 지난 후에 그가 유럽으로 이주하게 되었다는 전화를 걸어 왔다. 그리고 이렇게 말했다.

"선생님의 충고를 받아들이기로 했어요. 작품을 거의 다 팔았답니다. 그렇게 하니까 유럽에서 1~2년을 지낼 만한 돈이 생겼어요. 돈이 다 떨어지면 돌아올게요."

그때가 1995년이었는데, 레이는 5년이 지난 지금까지도 돌아오지 않았다. 대신 정기적으로 문안 엽서가 오는데, 엽서를 읽을 때면 그가 그토록 살고 싶어 했던 삶을 살고 있으며, 자신에게 아무런 제약과 제한을 두지 않은 채 아주 자유로운 삶을 살고 있다는 느낌을 받는다.

발전 과제

예술가형은 정신세계와 물질세계를 별개가 아닌 하나로 통합해야 한다. 그러면 더 이상 경제적인 어려움을 겪지 않을 것이다. 예술가형들은 대부분 내면 여행과 창조적 능력을 발휘하는 데 시간과 관심을 쏟아 왔기 때문에 이미 머니 머지션이 되기 위한 충분한 자질을 갖추고 있다. 남은 과제는 우선 자신이 몸담고 있는 세상을 받아들이고 그 세계의 다양한 차원을 포용하는 것이다. 정신세계와 물질세계 사이에서 더 이상 갈등하거나 긴장하지 않고 살려면 둘을 동전의 양면처럼 받아들이는 마음의 여유를 가져야 한다.

일곱 번째 머니 타입

군주형

특징

군주형(Tyrant)은 다른 사람과 상황, 그리고 사건을 통제하고 자기 뜻대로 움직이기 위해 돈을 쓴다. 군주형은 부를 이용해 사람들을 교묘하게 조종하여 이용하고 지배한다. 필요하거나 원하는 것을 다 가지고 있는 경우가 많지만 완전하고 편안하며 평화롭다고 느끼지는 못한다. 군주형이 가장 두려워하는 것은 지배력을 잃는 것이다. 군주형은 대개 전사형이 한쪽으로만 발달한, 즉 다른 사람들을 지배하고 억누르려는 욕구가 지나치게 발달한 경우이다. 전사형은 다른 사람들의 복지에 진정으로 관심을 갖는다는 면에서 영웅적인 경우가 많은 반면, 군주형은 대체로 이기적이다. 오직 자신만을 위해 지배력을 키우기 때문에 더 많은 힘을 얻기 위해 다른 사람들을 서슴지 않고 버릴 수 있다.

역사적으로 군주형은 아무런 가책도 없이 남을 지배하고 파괴하는 제

왕이나 지배자로 많이 나타났다. 오늘날 군주형은 어떤 대가를 치르고라도 반드시 이겨야 하고 그러기 위해서 무슨 수단이라도 불사하는 정치가와 사업가, 그리고 집안의 가장에게서 많이 나타난다. 우리 사회에서 경제적으로 성공한 사람들은 군주형이 가장 많다. 많은 사람이 마음속으로 돈은 나쁜 것이라는 무의식적 신념을 갖고 있는 가장 큰 이유도 바로 그 때문인지 모른다. 텔레비전을 비롯한 언론 매체에서도 돈과 관련해 늘 부정적인 이미지를 만들어 퍼뜨리는 경향이 있다. 주로 정치인이나 사업가의 뇌물이나 불법 정치 자금과 연관된 블랙 머니를 부각시키기 때문이다. 사람들은 한편으로 그렇게 돈을 가지고 싶어 하면서도 다른 한편으로는 부자가 된다는 것에 대한 부정적인 이미지 때문에 무의식적으로 두려움을 느낀다.

군주형의 특징

지배적임	비판적임
엄격함	판단적임
남을 잘 이용함	공격적임
두려워함	용서하지 못함
억압적임	숨기는 경향
분노 폭발형	매우 물질적임

발전 과제

군주형은 겉보기처럼 그렇게 부자가 아니다. 돈으로 살 수 있는 것은 거의 모두 가지고 있지만, 돈으로 살 수 없는 그 밖의 것들은 타인에 비해 많이 부족하다. 화려한 성공 이면에는 두려움이 많고 충족감을 거의 느끼지 못한다. '아직도 배고프다'면서 부족감과 결핍감을 느낀다. 이러한 군주형 증세를 '만성 결핍증(chronic-not-enoughness)'이라고 한다. 가장 중요한 과제는 만족하는 마음을 갖는 것이다. 그러지 않으면 겉으로는 풍요롭지만 실제로는 계속 가난하게 살 수밖에 없다.

여덟 번째 머니 타입
머니 머지션형

특징

머니 머지션형은 머니 타입 중 가장 이상적인 유형이다. 머니 머지션은 물질세계와 정신세계에 흐르는 에너지를 잘 활용하여 자신의 경제적 현실을 원하는 방향으로 바꿀 수 있는 사람이다. 그러므로 우리 스스로 내적 능력이 무한하다는 것을 알고 그 능력을 제대로 발휘하고자 한다면 우리는 누구나 머니 머지션이 될 수 있다.

현재 당신 자신의 머니 타입이 무엇인지를 아는 것은 당신이 새로운 인생길로 들어서기 위해 내딛는 첫걸음과도 같다. 왜냐하면 당신이 자신의 머니 타입을 형성하게 된 성장 배경과 자신의 과거사를 이해한다면, 당신이 머니 머지션이 될 수 없게 방해했던 사고, 감정, 행동이 무엇인지 올바로 인식할 수 있기 때문이다. 이로써 돈 문제 또한 새로운 방식으로 경험하는 변화가 시작된다. 이것이 바로 머니 머지션이 되는 길이다.

머니 머지션은 자신과 주변 전부를 정확하게 볼 줄 아는 열린 시각과 깨어 있는 의식을 지니고 있다. 자신의 과거에 대해 잘 인식하고 있으며, 편안한 마음으로 받아들인다. 또한 자신이 진정으로 어떤 사람인지를 알고 그에 따라 살아갈 때 자신의 능력을 발휘할 수 있다는 것을 잘 안다. 그러한 능력이 절대자와도 연결되어 있다는 것을 안다. 그리고 필요한 것은 언제나 전부 채워질 수 있음을 알기에 믿음, 사랑, 인내, 확신을 가지고 때를 기다린다. 머니 머지션에게 내적인 삶은 정신적이며 영적인 부가 실현되는 공간이고, 외적인 삶은 깨달음의 지혜가 물질세계로 표현되는 공간이다. 따라서 이들에게 삶은 내적이든 외적이든 서로 깊이 연결되어 있다.

머니 머지션형은 가장 이상적인 머니 타입이므로 다른 일곱 가지의 머니 타입에 주어졌던 발전 과제가 없다.

머니 머지션형의 특징	
정신적/영적인 성향	정신적/영적인 성향
지혜로움	지혜로움
의식이 깨어 있음	의식이 깨어 있음
활기참	활기참
남을 잘 믿음	남을 잘 믿음
관대함	관대함
애정 어림	애정 어림
유연함	유연함
현재 중심적인 삶	현재 중심적인 삶

실습 과제 3

머니 타입 테스트

당신은 앞서 설명한 여덟 가지 머니 타입을 읽은 후에 한두 가지 머니 타입이 자신과 같거나 비슷하다고 판단했을 것이다. 한 가지 이상의 머니 타입을 갖는 경우는 흔하다. 한 단계에서 다른 단계로 변화하는 중에 있기 때문이다. 그러나 대체로 특정 타입이 가장 지배적으로 나타날 것이다.

당신의 주된 머니 타입을 좀 더 알아보려면 '머니 타입 특성 목록'(100쪽)에 나열된 것들을 잘 읽어 보고 해당되는 특성에 표시하라. 다만 어떤 특성이 어떤 유형에 속하는지를 짐작하거나 맞춰 보려 하지 말고 생각나는 대로 즉시 표시해야 한다. 당신에게 해당되는 특성이라면 무엇이든, 몇 개이든 상관없이 모두 선택하라.

다만 중요한 것은 머니 타입 특성 목록은 말 그대로 돈과 관련한 생각이나 행동 패턴을 알아보는 것이지 일반적인 성격이나 행동 성향을 알아보는 것이 아니라는 점이다. 목록에 있는 각 특성은 모두 돈과 관련한 것이다. 당신이 지금까지 돈과 어떻게 관계를 맺어 왔는지, 돈에 대해 어떻게 느끼는지, 돈과의 관계가 인간관계에 어떤 영향을 미쳐 왔는지 잘 연계해서 생각해 보라. 예를 들어, 일반적으로는 매우 낙천적인 사람일지라도 돈에 대해서는 부정적이거나 자신감이 없을 수 있다. 그러므로 '낙천적임'이 아니라 '불안함'이나 '무력감'에, 또는 둘 다에 표시해야 할 것이다.

머니 타입 특성 목록에서 선택한 특성을 머니 일지에 적어라. 답을 다 작성했으면 '머니 타입 분류'(101쪽)를 참고하라. 거기에는 머니 타입에 해당하는 번호가 각 특성 앞에 적혀 있다. 이제 앞에서 표시한 특성이 어떤 번

호에 해당하는지 확인하고 그 번호가 나온 횟수를 세어 보라. 가장 많이 나온 번호가 당신의 주된 머니 타입에 해당할 것이다. 예를 들어 ②가 일곱 번, ⑥이 세 번, ⑦이 한 번 체크되었다면 당신의 주된 머니 타입은 ②로서 피해자형에 해당한다.

어떤 유형이든지 5회 이상 번호가 나왔다면 그 머니 타입은 현재 당신의 삶에서 큰 영향을 미치고 있다고 볼 수 있다. 그러나 만약 특정 번호가 4회 이하로 나왔다면 그것은 당신의 소극적 머니 타입에 해당한다. 일상생활에는 잘 드러나지 않지만, 내면으로는 스트레스를 받거나 돈에 대해 불안이나 두려움을 느낄 때 촉발하는 타입이다.

수동적 머니 타입은 자아의 비활성적인 측면인데 외적 상황이나 사건에 영향을 받을 수 있다. 우리 속에 존재하는 이 소극적 머니 '에너지'는 비록 점수는 낮지만, 보이지 않는 성격 부분에서 많은 자리를 차지하고 있을 수 있다. 이것은 그 머니 타입의 발전 과제를 더 많이 공부하고 실행해야 한다는 것을 의미한다. 마지막으로 각 번호는 다음과 같은 머니 타입을 말해 준다.

1 = 순진형 / 2 = 피해자형 / 3 = 전사형 / 4 = 희생자형
5 = 무모형 / 6 = 예술가형 / 7 = 군주형 / 8 = 머니 머지션형

머니 타입 특성 목록

- ☐ 불안함
- ☐ 남 탓을 잘함
- ☐ 매우 감정적
- ☐ 과거에 집착함
- ☐ 경제적으로 무책임함
- ☐ 자신을 구해 줄 사람을 찾음
- ☐ 남을 잘 믿음
- ☐ 무력감을 느낌
- ☐ 용서하지 못함
- ☐ 중독적인 성향
- ☐ 자기희생적
- ☐ 분개함
- ☐ 수동적 공격성
- ☐ 인정이 많음
- ☐ 지혜로움
- ☐ 침착하지 못함
- ☐ 절도 없음
- ☐ 두려워함
- ☐ 경제적으로 성공함
- ☐ 충동적
- ☐ 낙천적
- ☐ 지나치게 관대함
- ☐ 현실을 바꿈
- ☐ 오늘이 중요함
- ☐ 부정적으로 생각함
- ☐ 강인함
- ☐ 의욕이 넘침
- ☐ 절도 있음
- ☐ 목표지향적
- ☐ 자신감
- ☐ 고독한 사람
- ☐ 진리를 추구
- ☐ 진실만 말함
- ☐ 비물질적
- ☐ 활기참

- ☐ 남을 잘 구해 줌
- ☐ 공격적
- ☐ 관대함
- ☐ 애정 어림
- ☐ 의식이 깨어 있음
- ☐ 흐름에 맡김
- ☐ 남을 잘 이용함
- ☐ 겉으로는 무사태평함
- ☐ 분별력이 있음
- ☐ 지배적
- ☐ 오랫동안 고통받음
- ☐ 남을 잘 돌봄
- ☐ 경제적 균형 감각
- ☐ 수동적
- ☐ 안전 추구형
- ☐ 경제적 의존형
- ☐ 감정과 신념을 억제함
- ☐ 현실도피
- ☐ 예술적
- ☐ 경쟁적
- ☐ 분노 폭발형
- ☐ 계산적
- ☐ 비판적이며 판단적
- ☐ 숨기는 경향
- ☐ 모험적
- ☐ 현재 중심적인 삶
- ☐ 내적으로 동기화됨
- ☐ 현실에 아랑곳하지 않음
- ☐ 매우 물질적
- ☐ 우유부단
- ☐ 엄격함
- ☐ 충실함
- ☐ 정신적/영적
- ☐ 억압적

머니 타입 분류

- ☐ 1 불안함
- ☐ 2 남 탓을 잘함
- ☐ 2 매우 감정적
- ☐ 2 과거에 집착함
- ☐ 2, 5 경제적으로 무책임함
- ☐ 2 자신을 구해 줄 사람을 찾음
- ☐ 1, 8 남을 잘 믿음
- ☐ 1, 2 무력감을 느낌
- ☐ 2, 7 용서하지 못함
- ☐ 2 중독적인 성향
- ☐ 4 자기희생적
- ☐ 2, 4 분개함
- ☐ 4 수동적 공격성
- ☐ 4, 8 인정이 많음
- ☐ 3, 4, 8 지혜로움
- ☐ 5 침착하지 못함
- ☐ 5 절도 없음
- ☐ 1, 7 두려워함
- ☐ 3 경제적으로 성공함
- ☐ 5 충동적
- ☐ 5, 8 낙천적
- ☐ 5 지나치게 관대함
- ☐ 8 현실을 바꿈
- ☐ 5 오늘이 중요함
- ☐ 2 부정적으로 생각함
- ☐ 3, 8 강인함
- ☐ 3 의욕이 넘침
- ☐ 3 절도 있음
- ☐ 3 목표지향적
- ☐ 3, 8 자신감
- ☐ 6 고독한 사람
- ☐ 6 진리를 추구
- ☐ 8 진실만 말함
- ☐ 6 비물질적
- ☐ 8 활기참

- ☐ 3 남을 잘 구해 줌
- ☐ 7 공격적
- ☐ 3, 8 관대함
- ☐ 8 애정 어림
- ☐ 8 의식이 깨어 있음
- ☐ 8 흐름에 맡김
- ☐ 4, 7 남을 잘 이용함
- ☐ 1, 5 겉으로는 무사태평함
- ☐ 3 분별력이 있음
- ☐ 7 지배적
- ☐ 4 오랫동안 고통받음
- ☐ 4 남을 잘 돌봄
- ☐ 8 경제적 균형 감각
- ☐ 6 수동적
- ☐ 1 안전 추구형
- ☐ 1 경제적 의존형
- ☐ 1 감정과 신념을 억제함
- ☐ 1 현실도피
- ☐ 6 예술적
- ☐ 3 경쟁적
- ☐ 7 분노 폭발형
- ☐ 3 계산적
- ☐ 4, 7 비판적이며 판단적
- ☐ 4, 7 숨기는 경향
- ☐ 5 모험적
- ☐ 8 현재 중심적인 삶
- ☐ 6 내적으로 동기화됨
- ☐ 6, 8 현실에 아랑곳하지 않음
- ☐ 7 매우 물질적
- ☐ 1 우유부단
- ☐ 7 엄격함
- ☐ 3 충실함
- ☐ 6, 8 정신적/영적
- ☐ 7 억압적

각 번호가 나온 횟수와 각 번호가 보여 주는 머니 타입

1. 순진형 2. 피해자형 3. 전사형 4. 희생자형 5. 무모형 6. 예술가형 7. 군주형 8. 머니 머지션형

머니 타입 테스트에서 높은 점수가 나오는 머니 타입이 당신 삶에서 큰 작용을 한다. 하지만 경우에 따라 당신은 평소에 이를 제대로 인식하지 못할 수 있다. 때로 지배적인 머니 타입이 인식되지 않은 채 무의식에 억압되거나 숨겨지기도 한다. 그것을 잘 모르기 때문이기도 하지만 표면적으로 직면하거나 그럴 준비가 안 되었기 때문일 수 있다. 하지만 이것은 변화의 첫걸음이므로 이제야말로 '머니 그림자'를 제대로 살펴보고 이해할 적절한 시기가 되었음을 알아야 한다.

머니 그림자란 분석심리학을 창시한 칼 융의 '그림자(shadow) 이론'에서 나왔다. 융의 이론에서 그림자는 자아의 어두운 부분으로서 접촉되지 않으며 노출되지도 않고 스스로 의식하거나 인정하기를 꺼리는 부분이다. 그림자 개념에 기초하여 머니 그림자란 결국 돈과 관련한 그림자이다. 돈과 관련하여 인식되지 않거나 접촉되지 않아 스스로 잘 모르거나, 설사 안다고 해도 인정하지 않으려는 면이다.

우리는 누구나 숨기고 인정하지 않으려는 비밀스러운 그림자 같은 자아의 모습을 갖고 있다. 이것은 자아의 조각난 부분으로 자신의 전인(全人)과 단절된 상태로 머문다. 어린 시절부터 원하는 것을 얻거나 거부당하지 않기 위해 최선을 다해 앞을 향해 달려 나가는 것을 배워 왔다. 이러한 삶의 자세는 대가를 요구한다. 자신의 가치를 제대로 인정받지 못할까 두려워하고 자신의 모습이 거부당하거나 무시당할까 봐 불안해하는 것이다. 그래서 자신의 진실을 감추고 숨기는 버릇을 가지게 되었다. 이렇게 숨기고 감춘 모습이 바로 그림자다.

　돈과 관련해서도 이러한 그림자에 해당하는 것이 있다. 머니 그림자는 그것이 돈과 관련한 원래의 진실된 모습인데도 감추어 드러나지 않는 자아의 모습이다. 예를 들어, 전사형은 피해자형 성격을 겉으로 드러낼 때 안전함을 느끼기 어렵다. 피해자형의 모습이 자신이 추구하는 돈과 관련한 강력하고 지배력을 발휘하는 모습과 반대이기 때문이다. 전사형 중에서 피해자형에 높은 점수를 받았다면 피해자형이 알게 모르게 작용한다고 봐야 한다.

　피해자형이 보이는 한 가지 공통점은 권위의 문제다. 전사형은 자신의 내면에 숨겨진 피해자 의식을 잘 받아들이지 못하기 때문에 권위적인 위치에 있는 사람들에게 큰 분노를 품고 있거나, 지시받는 것 같은 상황에서 분노한다. 전사형이 자신 안의 피해자 의식의 특징을 잘 수용하고 포용하는 법을 배울 때 권위에 대한 반응이 바뀌며 권위와 관련해 감정적 부하가 덜 걸린다. 머니 그림자는 돈과 관련해 우리 안에 내재하면서 그것이 삶의 다른 부분에서 어떻게 영향을 미치는지 보여 주는 양면성을 가지고 있다.

Money
Therapy

Part 04

1

진정한 자기 가치

나의 가치는 돈으로
결정되지 않는다

"우리가 알아야 할 문제는
'우리가 얼마나 귀중한 존재인가'보다
'어떻게 하면 귀중한 존재가 될 것인가'이다."

에드거 프리덴버그

자기 가치를
결정하는 돈

우리는 순자산(net worth)과 자기 가치(self worth)가 동의어가 된 문화에 살
고 있다. 순자산이 곧 자기 가치에 해당한다는 뜻인데, 사실 두 가지는
전혀 다른 의미를 가지고 있다. 나는 언제나 말 이면에 감추어진 의미를
찾는 데 관심이 많았다. 가까이에서 꼼꼼히 들여다보면 말 속에는 우리
가 상상한 것보다 훨씬 큰 진실이 들어 있다. 예를 들어 '순자산(net worth)'
에서 '순(net)'과 '자산(worth)'을 떼어놓으면 전혀 다른 그림이 보인다.

웹스터 사전에서 '네트(net)'의 뜻 중 가장 많이 쓰이는 것은 두 가지이
다. 첫째는 '무엇을 잡거나 덫을 놓는 도구'에 해당하는 그물이나 망이고
둘째는 정가(net amount), 순이익(net profit), 성과(result) 등에 쓰이는데 궁극적
으로 '최종적인', 또는 '마지막'이라는 뜻이나. 그리고 '워스(worth)'는 '남선

적인', 혹은 '어떤 것에 대한 평가나 그것의 자질에 의해 결정되는 가치'를 의미한다. 그리고 '셀프(self)'는 '다른 사람과 분리되고 구분되는 자기'를 의미한다.

이 말들을 깊이 생각해 보면 우리의 가치는 대체로 돈이 결정할 뿐 아니라 심지어 돈에 붙잡혀 있으며 자기 자신은 혼자 떨어져서 계산되지 않는다는 것을 알 수 있다. 오늘날 많은 사람이 자신의 순자산에 만족하지 못해 자기 가치를 평가절하한다(돈이 없으면 자신을 비하하고 자신의 가치를 자신이 가진 돈의 무게만큼으로만 평가한다는 말이다. 결국 순자산이라는 돈의 액수만큼 자기 가치를 평가하는 것이다—옮긴이). 이 상태에서 삶에 대한 자신감이 바닥에 떨어지는 것은 당연하다. 순자산과 상관없이 자신만이 지닌 고유한 자질 측면에서는 누구나 가치 있는 사람이라는 것을 알지 못하는 것이다.

나는 수년 동안 수백 명에게 순자산 명세서를 작성해 오라고 말했다. 순자산이란 재산에서 갚아야 할 빚을 뺀 나머지를 말한다. 이상하게도 명세서를 작성해 온 사람이 거의 없었다. 어떤 사람은 단호히 거절했고 어떤 사람은 내 도움으로 겨우 작성하기도 했다. 기꺼이 명세서를 작성해 온 사람은 극소수였다. 나는 사람들이 자신의 순자산 명세서를 작성하지 않거나 작성할 수 없는 이유는 그로 인해 유발되는 정서적 혼란과 불안감 때문이라고 결론 내렸다.

순자산 문제가 나오면 사람들은 대체로 '그것만은 차마 계산해 볼 수 없다.'라는 반응을 보였다. 자기 가치의 척도로서 돈을 얼마나 갖고 있는지, 지금까지 돈을 얼마나 모았는지 알아보는 것은 너무나 고통스러운 일이다. 자본주의 시대인 현대사회에서 재산 정도, 즉 부는 우리가 누구이며 어떤 사람인지를 나타내는 궁극적 잣대 역할을 한다. 지금까지 우리는 가진 돈의 액수로 자신의 존재 가치를 규정해 왔다. 그래서 순자산이 적은 사람은 자기 가치가 부족하다고 느낄 수밖에 없다. 문제는 순자산이 많은 고객들도 자신감이 결여되어 있는 경우가 많다는 점이다. 비록 돈이 많고 부자로 살지만 돈을 지닐 자격이 없다고 생각한다. 겉으로는 모든 것을 가졌지만 속으로는 자신이 아무것도 아니라고 비하한다.

이러한 자신감 결여는 현대사회에 만연한 정신적 공황 상태 때문에 생겼다. 돈과 물질만 추구하며 살다 보니 진정한 풍요인 정신적 풍요는 사라지고 황폐한 사막 같은 텅 빈 마음만 오롯이 남은 것이다. 오직 인간만이 정신적 풍요를 갈망한다. 우리가 풍요로운 내면 정신과 접속하지 않는다면 자신의 진정한 가치는 감소할 수밖에 없다. 바로 그때 우리 삶은 그 빈 곳을 메우기 위해 끝없이 대체물을 찾아 헤매게 될 것이다.

우리는 돈이라는 덫에 걸려 있다. 자신이 돈이나 물질 이상의 존재라는 의식과 자각을 가지지 않는 한 우리는 덫에서 벗어날 길이 없다. 이제 우리는 삶에 대한 새로운 패러다임을 설정해야 한다. 선조로부터 물려받아 아무런 의식 없이 습관적으로 몇 세대를 반복해 왔던 기존 패러다임과는 질적으로 다른 세계 말이다.

돈이 많다고 행복할까?

우리는 늘 부족하다는 생각과 스스로 한계가 있다는 생각을 가지고 살아왔다. 다른 관점에서 생각해 보는 교육을 받지 못했다. 한 가지 분명한 것은 우리는 우리 자신의 경험을 모두 합친 것보다 훨씬 위대한 존재라는 점이다. 한 사람의 일생에는 깊이를 알 수 없는 심오한 진실이 담겨있다. 지금까지 살아온 배경과 경험이 현재 삶에 많은 영향을 미치지만단지 그것만으로 자신을 정의하는 것은 지나치게 한정적이다.

내 고객이었던 엘렌을 예로 들어 보자. 그녀는 어린 시절 결손 가정에서 자랐다. 폭력이 난무했으며 너무 가난했기 때문에 늘 불안감에 시달렸다. 그녀에겐 어떻게 살아남느냐 하는 문제가 가장 중요했다. 그런 상황에서도 결코 포기하지 않고 노력하여 결국 성공할 수 있었다. 돈과 성공이 그녀의 삶으로 풍요롭게 흘러들었다.

하지만 그녀는 스스로 행복을 느끼지 못했다. 그녀가 처음 찾아왔을때는 심한 우울증으로 치료를 받고 있었다. 그녀는 돈 문제를 이야기했다. 안정감을 위해 돈이 필요했지만 돈 때문에 인간관계에 문제가 많이생겼다는 것이었다. 좀 더 정확히 말해 돈이 모든 인간관계를 망쳐 놓던 것이다.

엘렌은 매력적인 외모를 가진 데다 부자여서 많은 남자들이 그녀를 따랐다. 문제는 그녀가 수년 동안 주변에 성벽을 쌓고 철통같은 요새를 만든 까닭에 아무도 엘렌이라는 성 안으로 들어갈 수 없었다는 것이다. 그녀에겐 진정 가까이해도 될, 신뢰할 만한 사람이 아무도 없었다. 다행히심리 치료사의 도움으로 어린 시절에 겪은 부모의 학대와 고통뿐 아니라 부모에게 느낀 분노 등을 차례로 풀어 나갔다. 하지만 여전히 돈 문제가 인간관계에 걸림돌이 되고 있었다. 엘렌은 행복을 방해하는 어떤 것이 여전히 마음속에 도사리고 있다는 생각을 떨쳐 버릴 수 없는 상태에서 나를 찾아왔다.

엘렌의 과거를 들여다보고 어지러운 조각을 맞추던 중에 나는 그녀가 심리적으로 안정감을 느낀 순간이 어린 시절 아빠가 월급봉투를 갖고 온 날뿐이었다는 것을 알았다. 이유를 알 순 없었지만 집안에 돈이 있으면 한동안 가족이 행복했고 잠시 동안이지만 학대도 중단되었다. 엘렌은 성인이 되어 외형적으로 성공적인 인생을 살아가면서 고통스런 과거의 기억을 전부 잊어버리고 있었다. 하지만 무의식에 남은 고통스런 흔적이 늘 그녀의 일상을 지배했다.

엘렌은 거의 모든 시간을 일하면서 보냈다. 그녀도 일중독자라는 것을 시인했다. 하지만 자신이 일을 좋아하기 때문이라고 말했다. 그녀의 첫 번째 문제는 일중독증 때문에 인간관계에 큰 문제가 생겼고, 두 번째 문제는 돈은 많았지만 상상을 초월할 정도로 검소하다는 것이다. 그녀는 돈을 쓰는 것이 재미가 없었다. 돈을 나누어 쓰는 것도 잘하지 못했다. 이렇게 볼 때 그녀는 전사형과 군주형이 혼합된 머니 타입에 속한다고 할 수 있다. 엘렌은 자신의 인간관계를 돌아보면서 자기에게 다가왔던 남자들이 그녀를 진정 사랑했음에도 불구하고 자신도 모르게 그들을 밀어냈다는 사실을 깨달았다. 과거에 결혼한 두 남자 모두 엘렌보다는 돈이 많지 않았지만 나름대로 성공한 사람들이었다. 이것이 그녀의 또 다른 문제였다. 그녀는 남편보다 돈이 더 많았지만 잠재의식 속에서 돈만이 안전을 지켜 주는 울타리라고 여겼기 때문에 일을 멈출 수 없었다. 어쩌면 그녀 마음속에서 남편은 경제적으로 믿을 수 없는 존재였던 것이다. 때때로 그녀는 남편이 갑자기 월급봉투를 가져오지 않으면 어떻게 할지 염려했다. 잠재의식 속에서 남편에게 배신감을 느꼈다. 그러다 보니 스스로 부부관계를 파괴하고 있었던 것이다.

엘렌은 나와 상담하는 치유 시간을 통해 그렇게 오랫동안 열심히 일하면서도 한 번도 자기 내면을 들여다보지 못했다는 사실을 깨닫게 되었다. 이전에는 자기가 진정 누구인지 무엇이 참행복인지 생각해 보지 못한 것이다. 그녀는 예술을 사랑했지만 직접 해 볼 생각은 못했다. 아이들을 사랑했지만 자기 아이는 낳지 않았다. 도무지 그럴 시간이 나지 않았던 것이다.

그러던 어느 날 엘렌이 전화를 걸어서 당장 만나고 싶다고 했다. 그날 오후 우리는 만났고 그녀는 이렇게 말했다.

"와! 드디어 해냈습니다. 제가 돈 문제를 다 해결했다고요. 모든 돈을 다른 사람들에게 나눠 줬습니다."

처음에 나는 말뜻을 못 알아들었지만 이야기를 다 들은 후에는 그녀의 말을 이해할 수 있었다. 그녀는 자신이 무슨 일을 하고 있는지 정확히 알았다.

"돈은 내 안전을 지켜 주는 울타리이고 보호자였어요. 그런데 그 돈 때문에 내 인생을 살지 못했어요. 그래서 그 울타리를 부숴 버려야 했죠. 그래야 내가 자유로워질 수 있거든요."

사실 엘렌의 안전을 지켜 주던 돈이라는 울타리는 더욱 성장할 수 있는 가능성을 가로막는 벽이었다. 그녀는 이제 먹고살 만큼 적절한 수입을 벌어들이고 있다. 여가 시간에는 그림을 그리고 어린아이들과 관련한 일도 한다. 무엇보다 중요한 것은 진정한 자신과 만날 시간을 갖게 된 것이다. 그녀는 진짜로 자기 삶을 살고 있으며 과거와도 화해했다. 우리 안에 있는 가능성과 잠재력은 과거에 겪었던 자기 경험을 합친 단순한 총합보다 훨씬 크다. 엘렌은 인생 대부분을 과거 경험에 매여 살았다. 경제적 성공은 거두었지만 개인적 차원, 보다 구체적으로 감성적 차원과 정신적 차원의 풍요는 경험하지 못했다. 엘렌이 주는 교훈은 풍요로운 삶을 위해서는 물질적인 부를 뛰어넘은 진정한 자기 가치를 보아야만 한다는 것이다.

돈이 전부는
아니다

우리가 낮은 자기 존중감을 갖고 있다는 사실은 하나도 이상한 일이 아니다. 삶의 '대차 대조표'를 검토할 때마다 거기에 담긴 내용들이 궁색하고 황량해 보인다. 그것으로도 부족하여 우리는 이런 질문에 답하라는 압력을 받는다.

"당신 삶에서 보여 줄 만한 것이 무엇입니까?"

"당신의 경제 상황은 어떻습니까?"

"당신은 안정된 미래 생활을 위해 지금 무엇을 하고 있습니까?"

사실 이런 질문들은 대답하기 곤란한 것들이다.

내 친구 중에 매우 능력 있고 똑똑한 사람이 있다. 그는 두 가지 사업체를 운영하고 있으며 지역사회 일에도 열심히 참여하기 때문에 모든 사람이 좋아한다. 최근 그는 내가 주최한 머니 코칭 세미나에 참석한 후에 자기의 경제 생활이 너무 부끄럽다고 말했다. 이유를 묻자 예전에 자기 부부가 심각한 경제 문제에 부딪혀 파산을 선언한 적이 있다고 말했다.

"나는 매일 그때 진 빚을 제대로 갚지 못한 수많은 사람을 생각해. 그러면 불안해지는 거야. 그런 일이 또 일어날지도 모르니까."

나는 이렇게 말해 주었다. "파산 선고는 자신감에 깊은 영향을 줄 수 있는 선택이야. 세상의 눈으로 보면 하루아침에 아무것도 아닌 사람이 되고 아무것도 가진 것이 없는 사람이 되거든. 실패했다고 말할 수 있지. 하지만 그것이 네가 누구인지에 대한 진실은 아니야. 너는 너 자체로 완벽한 인간이야. 물론 네가 문제가 없다거나 실수를 하지 않을 거라는 뜻은 아니야."

파산 선고를 하면 빚을 탕감받을 수 있고 다시 한 번 처음부터 시작할 수 있는 기회를 얻는다. 그 기회를 잘 활용하기 위해서는 우선 자신을 용서해야 한다. 죄책감과 미련을 놓아 버리고 앞으로 나아가야 한다. 내 친구는 그렇게 하지 못했다. 다시 시작하는 대신에 수치심이라는 짐을 늘 짊어지고 다녔다. 그 정신적 짐은 일생 동안 졌던 다른 어떤 빚보다 무거웠다. 나는 돕고 싶다고 말했지만 친구는 내면의 수치심에 직면할 용기가 없었다. 친구의 순자산과 자기 가치가 함께 도산해 버린 것이다. 진정한 자기 가치를 볼 수 없었기 때문이다.

인생의 회계장부인
인생 자산 장부

일반적으로 자신의 경제적 역사와 돈 문제를 직접 취급하는 것은 아주 어렵다. 나는 고객들이 그 일을 좀 더 즐겁게 하도록 새로운 회계장부를 만들었는데, 바로 '인생 자산 장부(life inventory)'이다. 이것은 두 가지 종류의 회계를 포함한다. 한 가지는 평범한 일반 회계장부로서 자산과 빚을 두루 계산하는 순자산 명세서다. 다른 한 가지는 자기 인생의 회계장부인 인생 자산 장부다. 나는 사람들이 돈에 대한 회계장부만 만들고 인생 자산 장부를 만들지 않는 것은 자신에게 너무나 삭막하고 불친절한 처사라고 생각한다. 하지만 두 가지 종류로 회계장부를 만들면 두 가지 경리 장부를 좀 더 쉽고 즐겁게 작성할 수 있다는 장점이 있다.

투자전문가들은 돈의 시간 가치에 대한 강의를 자주 한다. 그것은 아직 시간이 있을 때 가진 돈을 잘 사용해야 한다는 내용이다. 예를 들어, 현재 35세인데 65세에 은퇴하고 싶다면 지금 버는 돈을 30년간 이용하고 투자하여 은퇴 후에도 쓸 수 있을 만큼 늘려야 한다는 것이다. 그러려면 지금부터 좀 더 많이 저축하거나 막대한 부를 창출할 수 있는 경제적 모험을 감행해야 한다. 아니면 은퇴를 좀 더 늦춰야 한다. 물론 이 관점은 아주 타당한 경제 개념이고 논리적 재정 차원에서도 충분히 고려할 만한 가치가 있지만 유일한 관점은 아니다. 경제적인 순자산보다 먼저 생각해야 할 또 다른 진실은 '인생의 시간 가치'이다. 돈은 언제든 더 벌 수 있지만 시간은 그렇지 않다. '인생 은행'에는 사용할 수 있는 시간이 한정되어 있다. 심지어 몇 시간이 남았는지 알 수 있는 특권도 없다. 우리는 시간의 가치를 제대로 고려해야 하며 그것을 얼마나 잘 사용하고 있는지도 생각해야 한다.

만약 돈에만 집중한다면, 즉 돈을 벌고 쓰고 미래를 위해 저축하는 일에만 집중한다면, 삶의 시간이 바닥나는 위험을 감당해야 한다. 이를 제대로 이해하지 못한다면 아무리 많은 돈으로도 우리를 구원할 수 없는 영적 빈곤 상태에서 살아가게 될 것이다.

남은 삶의 시간을 인쇄한 화폐가 있어서 시간을 사용할 때마다 지불해야 한다면 우리는 돈만큼 시간을 귀중하게 생각할 것이다. 우리는 어떤 구매 행위를 할 때마다 시간의 화폐를 함께 사용할 것이다. 그때 우리는 자신에게 이렇게 물어보지 않을 수 없다. '이에 대한 값을 치르기 위해서 삶의 시간을 어느 정도 소비해야 하는가? 나는 이것을 정말 원하고 필요로 하는가? 내 생활 방식으로 인해 나는 얼마나 많은 삶을 소모해야 하는가?'

좀 더 중요하게는 다음 질문들을 던질 수 있다. 이것은 진정한 자기 가치를 이해하기 위해 반드시 답해야 한다.

Money

Therapy

당신의 인생 자산 장부

진정한 자기 가치를 확인하려면 먼저 당신의 인생 은행에 무엇이 있는지 인생 자산 장부를 작성해야 한다. 다음 질문에 답하라.

❶ 당신은 몇 살인가?

❷ 당신은 지금까지 얼마나 많은 시간을 소비했는가?

(답을 구하는 방법은 하루 24시간에 1년 365일을 곱하고 거기에 당신이 지금까지 살아온 햇수와 날짜를 곱하는 것이다. 예를 들어 40세가 되는 생일 날 당신이 소비한 삶의 시간은 350,400시간이 된다).

❸ 당신은 그 시간을 어떻게 사용했는가?

이제 삶의 시간을 어떻게 '사용했는지' 회계장부를 정리해 보자. 자신에게 의미 있는 모든 것을 밝혀 보라. 이 작업을 마치면 앞으로 남은 시간의 화폐로 무엇을 할지, 인간으로서 자신을 충족시켜 줄 수 있는 것이 무엇인지에 대한 목록을 작성해 보라. 마지막으로 그 목적을 이루기 위해 하루에 어느 정도의 시간을 쓰고 있는지 적어 보라.

당신의 인생 자산 장부

당신이 용감하다면 계속해서 경제적 순자산 명세서, 즉 인생 자산 장부도 작성해 보라. 이것은 좋은 실습이 될 것이다. 그리고 당신이 시간과 돈이라는 두 가지를 어떻게 사용해 왔는지 알 수 있게 도와줄 것이다. 만약 당신이 인생 자산 장부를 만들 용기가 나지 않는다면 최소한 다음 질문에 답해 보라.

❶ 당신은 하루에 몇 시간 일하는가?

❷ 평균적으로 당신이 하루에 버는 돈은 얼마인가?

❸ 한 달 생활비로 얼마가 드는가?

❹ 위 질문에서 답한 액수를 벌려면 삶의 시간이 얼마나 필요한가?

❺ 지금까지 얼마나 저축하였는가?

❻ 빚이 얼마나 있는가?

⑦ 위 질문에서 답한 액수를 갚으려면 삶의 시간이 얼마나 필요한가?

⑧ 당신에게 남은 시간에서 위 질문에 답한 시간을 빼면 삶의 시간은 얼마나 남아 있는가?

⑨ 당신의 생활 방식은 그만한 가치가 있다고 생각하는가?

브렌다의 머니 일지

내 고객 브렌다는 처음 머니 코칭을 시작할 때는 순진형이었는데 서서히 전사형으로 변했다. 지금은 머니 머지션을 향해 차근차근 진전 중이다. 43세 사업가인 그녀는 미술가이자 댄서이기도 하다. 다음은 그녀의 머니 일지에서 발췌한 내용이다.

나는 지금 삶의 전환기에 있다. 나는 인생의 제1부를 돈을 벌고 물건을 구매하면서 나를 꾸미고 멋 내는 삶을 사느라 돈을 너무 많이 썼기에 최근 파산 신청을 하기로 결정했다. 돈, 재산, 명성이 나의 좌우명이었고 모든 수단을 동원해서 멋지게 차리고 다니는 것이 일상생활이었으니 파산 상태가 결코 이상한 일이 아니었다. 14세 이후부터 결코 멈추지 못했던 이런 부정적인 생활 방식이 42세에 최고조에 달했다. 나는 최고급 옷을 입었고, 여행을 즐겼으며, 사업을 했고, 인간관계를 맺느라 돈을 소비했다. 이 모든 것은 다른 사람들이 나를 대단하게 봐 주기를 바랐기 때문이었다.

지금의 나는 지난 8년 동안 내면을 성찰해 온 결과다. 나는 지금 멋진 사람이다. 만약 당신이 아무런 장식도 없는 나를 있는 그대로 사랑할 수 없다면 당신은 내 인생에서 존재해야 할 큰 의미가 없는 사람이다. 파산 신청은 내가 나에게 주기로 한 마지막 용서였다. 물론 나는 여전히 돈을 사랑한다.

나는 내 인생을 완전히 다시 시작하였다. 43세가 된 나에게 가장 중요한 것은 사랑과 인간관계다. 그것만이 내가 함께 지니고 갈 수 있는 것이다. 바로 내가 준 사랑과 내가 받은 사랑 말이다. 유명 브랜드 고급 정장 같은 것은 끝까지 가지고 갈 수 없다. 나는 이제 신과의 접속을 추구하면서 살고 있다. 신심으로 가장 가깝고 소중한 사람을, 그리고 나 자신을 언제나 사랑할 것이다.

브렌다의 인생 은행

43세 / 삶의 376,680시간을 사용했음

브렌다의 인생 자산 장부

- 뉴욕에서 5년간 전문 댄스 교사로 생활함
- 무대에서 전문 댄서로서 일함
- 뉴욕 패션 업계에서 일함
- 중국, 티베트, 홍콩, 태국, 네덜란드, 독일, 프랑스, 이탈리아, 영국, 오스트리아, 브라질, 아르헨티나, 그리스를 여행함
- 탱고를 추러 파리에 가서 새 친구들을 사귐
- 탱고를 좇아 파리에서 아르헨티나로, 다시 샌프란시스코로, 그다음에는 LA로 감
- 살사와 탱고를 위한 댄스 이벤트 사업을 시작함
- 패션쇼 제작자로 일함
- 5년간 이미지 컨설턴트로 일하면서 전 세계를 누빔
- 8년 이상 마약이나 술을 하지 않음
- 영적 스승들을 만나기 위해 여행함
- 5년간 대규모 헤어 살롱을 소유함
- 20년간 미용사 생활을 함
- 조정 경기 팀원으로 활동함
- 수상스키를 배움

- 자유분방하게 스키를 즐김
- 체중을 10킬로그램 가량 감량하고 계속 유지함
- '나의 아트 스튜디오'를 개설함
- 8년간 미술가로 활동함
- 개인전을 네 번 엶
- 거의 모든 작품을 판매하는 데 성공함
- 현재 13년간 영적 여행을 하고 있음
- 친구들과 언제나 서로 믿을 수 있는 관계임
- 명상을 시작함
- 조카 레이첼의 대모가 됨
- 동생들에게 되고 싶었던 누나와 언니가 됨
- 독일어, 프랑어를 말할 수 있음
- 내 인생의 남자들을 진정 사랑했고, 그들과 함께 성장함
- 친구를 위해 복권 당첨을 계획하여 꿈꾸었고 실제로 실현됨

브렌다는 영적 스승을 만나기 위해 여행과 수행으로 진정한 자기 가치를
발견한 좋은 예다. 나는 그녀가 그런 여행을 하는 것이 결코 쉽지 않았다
는 사실을 알고 있다. 그녀는 여러 번 넘어졌지만 그때마다 다시 일어났
고 절대 포기하지 않았다. 브레다가 내면세계로 처음 여행을 떠났을 때는
순진형이었다. 하지만 지금은 머니 머지션이 되려면 누구나 거쳐야 하는
길을 따라 열심히 길이가고 있다.

Money
Therapy

Part 05

1

돈과 건강한 관계 맺기

돈의 의미와
돈과의 관계를
제대로 이해하라

"인간은 매듭이고 거미집이며 그물이다.
그리고 그물코 안에 사람과의 관계를 묶는다.
오직 중요한 것은 바로 그 관계뿐이다."

생텍쥐페리

Money
Therapy

과거를 돌아보라

성숙한 사람이라면 새로운 관계를 시작할 때 대체로 과거 관계를 되돌아보고 거기서 배우거나 깨달은 것을 다시 한 번 마음에 새기기 마련이다. 과거 경험에서 배우고 이해한 것을 적용하기 위해서다. 누가 같은 실수를 되풀이하고 싶겠는가? 그러나 새로운 관계가 성공할지 실패할지는 스스로 어떻게 내적 성찰을 실천하느냐에 달려 있다. 새로운 관계가 발전할 수 있도록 자기 문제를 해결하여 장애물을 치우고 길을 여는 것이 중요하다.

이것은 돈과의 관계에도 적용된다. 진정 원하는 방식으로 관계를 맺기 위해서는 먼저 쓸데없는 것을 치워야 한다. 자신의 옛날 재정적 패턴에 내포된 부정적 에너지를 제거하지 않으면 돈과의 관계는 또다시 파괴되고 말 것이다.

돈과의 관계를
생각해 보라

내가 머니 코칭을 하면서 던지는 첫 번째 질문은 고객이 돈과 어떠한 관계를 맺고 있는지에 대한 것이다. 고객의 대답은 머니 타입에 대한 중요한 단서를 담고 있다.

"당신은 돈과 어떤 관계를 맺고 있나요?"

이런 질문을 받으면 대부분 당황스러워하면서 어떻게 답해야 할지 모른다. 다음과 같이 자연스럽게 대답하는 경우는 거의 없다.

"아, 저는 돈과 아주 사이좋게 잘 지내고 있어요. 돈을 이해하며 제 인생에 돈이 많다는 사실을 사랑합니다. 게다가 돈에 대해 걱정할 필요도 없어요. 언제나 돈이 충분하거든요."

사람들은 대체로 돈을 어떤 관계를 맺어야 하는 대상으로 생각하지 않는다. 어떤 고객은 이렇게 말하기도 한다.

"나는 돈을 만지기 싫어요. 그래서 돈과 관련되기 싫어요."

나는 이렇게 대답했다.

"당신은 언제나 어머니를 좋아하지 않을 수도 있어요. 하지만 어머니와 관계를 맺지 않을 수 없잖아요. 물론 그 관계가 반드시 또 언제나 당신이 원하는 것은 아닐 수 있어요. 하지만 어머니는 당신 삶과 계속 관계를 맺지 않아요? 당신도 어머니를 포기해 버리지 않잖아요. 돈도 마찬가지랍니다. 당신이 할 일은 어떻게 돈과 관계를 맺어서 해로움이 아닌, 이로움을 얻을 수 있는지입니다."

관계란 자신과 연결되거나 자신이 의지하는 모든 것과 맺는 끈을 말한다. 그렇다면 돈도 나와 관계를 맺는 대상으로서 '나와 관계가 있다.'라고 말할 수 있다. 사람들은 많은 시간 동안 돈 생각을 하고 돈 걱정을 하고 돈을 벌지만, 정작 돈에 별로 주의를 기울이지 않는다. 그러고는 자기 존재 가치를 돈에 근거하여 매긴다. 자신을 평가절하하기 때문에 돈과의 관계에 충분한 주의를 기울이지 않는 것이다.

인생에서 어느 정도 가치가 있는 관계는 일종의 '살아 있는 에너지'이다. 주의를 기울이고 이해하며 돌보아야 하는 관계이다. 결국 우리가 돈 문제에서 어려움과 갈등을 겪어 온 것은 돈을 이해하지 못했거나 돈에 주의를 기울이지 않았기 때문이다. 애초에 자기 가치를 경제적인 순자산에 기초해 평가절하한 것도 이 때문이다.

원래 제대로 돌보지 않고 주의를 기울이지 않는 것은 좋은 반응을 보이지 않는 법이다. 잘 알다시피 화초에 물을 주지 않으면 결국 시들어 죽어 버린다. 더럽거나 낡은 집을 청소하고 보수하지 않으면 어지럽고 불결한 곳이 되어 거기서 살 수 없게 된다.

마찬가지로 친구나 가족과의 관계를 돌보지 않는다면 그들에게 상처를 줄 뿐 아니라 결국 그들을 잃게 된다. 직장의 일을 소홀히 한다면 지위를 위협받고 결국 쫓겨나 실업자가 될 것이다. 이처럼 삶의 모든 차원이 제대로 기능하려면 에너지와 마음을 주어야 한다.

사람들 대부분은 돈이 자신에게 의미하는 바를 애써 외면하거나 부정한다. 무의식적으로 돈과의 관계를 저쪽 구석에 치워 두고 거미줄이 덮일 때까지 모른 체하고 눈감아 버린다. 돈과의 관계에 무슨 문제가 있을

지 모르니 좀 더 깊이 생각하거나 검토해 보라고 충고하면 두려워하거나 화를 낸다. 사람들은 누구나 돈에 대해 쉽게 상처받는다. 돈에 대해 제대로 교육받은 적이 없다는 점을 감안하면 공포 반응을 보이는 것은 그리 놀라운 일이 아니다. 현대사회가 가장 귀중하게 여기는 것에 대해 아무 훈련이나 교육을 받지 않았다니 얼마나 어이없는가? 돈은 삶의 모든 면에 영향을 미치는데도 돈에 대해 별로 아는 것이 없는 현상을 어떻게 이해해야 할까? 이제 이러한 의식을 변화시켜야 한다. 그래야 돈과 좀 더 굳건한 관계를 맺을 수 있고 후손에게 남길 만한 값진 정신적 문화유산을 창조할 수 있다. 이것은 두려움과 의존성이 아니라 지식과 힘 위에 건설한 문화다. 그러기 위해서는 우선 돈과의 관계가 삶에서 차지하는 의미가 무엇인지 정확하게 정의해야 한다. 여기서 돈의 본질을 구체적으로 검토해 보자.

돈을 끌어오는
에너지장을 형성하라

돈은 강력한 에너지와 힘을 가지고 있다. 부와 풍요로 가는 길을 열려면 삶에 강력한 에너지 장을 형성해야 한다. 돈의 에너지를 끌어오는 에너지장 말이다. 인간관계에 존재하는 끌어당김이나 이끌림처럼 돈의 에너지도 자신과 가장 비슷한 것을 끌어당기거나 거기에 끌리기 마련이다.

먼저 돈의 특성을 명확하게 그려 보라. 돈의 모든 특성과 성격을 명확히 알수록 돈을 신념 체계 안으로 의식적으로 끌어들이는 것도 쉬워진다. 또한 돈이 들어올 수 있도록 돈을 위한 공간과 에너지장을 만들 수 있다. 통로를 깨끗이 치우고 진입로를 넓힐수록 돈은 쉽게 들어올 것이다. 통로는 언제나 거기 있었지만 무의식적이고 해결하지 못한 문제 때문에 늘 막혀 있었다. 막힌 통로를 뚫기 위해서는 돈의 본질을 제대로 이해하고 수용해야 한다. 다음은 돈의 본질을 설명하는 단어들을 나열한 것이다. 참고하기 바란다.

돈은
- 살아 있다.
- 유동적이다.
- 에너지를 갖고 있다.
- 창조적이다
- 힘을 갖고 있다.
- 변혁적인 힘을 갖고 있다.
- 아무것에도 매이지 않는다.

돈은 창조적 의도를 갖고 어떤 경로로든 항상 우리 손에 들어오게 되어 있다. 여기서 창조적 의도란 창조적인 사고, 아이디어, 상상을 어떤 형상과 행동으로 드러내고 옮기는 과정을 말한다. 역사적으로 인간은 여러 번 되풀이하여 돈이라는 선물을 받았지만 역사에서 배우고 느낀 교훈을 세대로 새기고 시키지 못했다. 창조석이고 긍정적인 에너지를 가진 돈을 부정적으로 사용하고 말았다.

　앞서 살펴봤듯이 인간은 늘 전쟁, 기근, 경제공황 같은 불행을 돈 탓으로 돌렸다. 돈이 불행의 진정한 원인이었던 적은 한 번도 없었다. 의식 부족, 탐욕, 증오 같은 것은 결코 돈과 어울리는 에너지가 아니다. 돈은 사람들을 탐욕스럽게 만들지 않는다. 오히려 사람들이 자신을 탐욕스럽게 만들 뿐이다. 마찬가지로 돈은 전쟁을 일으키지 않는다. 오히려 사람들이 전쟁을 일으킨다.

돈은 창조적 흐름을 탄다

　돈은 모든 곳에 존재하는 창조적 흐름에 이끌리는 창조적 에너지이다. 이 사실을 잊지 말아야 한다. 이 사실의 의미를 제대로 이해하고 깊이 받아들이면 언제나 돈을 끌어들일 수 있다. 사람들이 매일매일 큰돈을 벌었다 잃었다 하는 악순환을 반복하는 것은 이러한 기본 원리를 제대로 이해하지 못해 스스로 패배했기 때문이다.

　돈이 창조적이고 유동적이며 에너지가 많을 뿐만 아니라 비슷한 에너지를 가진 사람에게 끌린다면 도대체 왜 막대한 돈이 자꾸 엉뚱한 사람 손에 들어갈까? 이유는 의외로 간단하다. 에너지로서의 돈이 도덕적 판단을 하지 않기 때문이다. 돈은 초연하다. 창조성은 긍정적 형태만 띠는 것이 아니다. 부정적 형태로도 나타날 수 있다. 돈은 긍정과 부정을 구분하지 않고 다만 창조적 흐름을 따를 뿐이다. 궁극적으로 부정적 에너지는 모두 파괴적이다. Part 02에서 살펴보았듯이 과거 역사를 돌이켜볼 때 돈이 다른 사람의 자유를 지배하거나 파괴하고 제한하려는 목적으로 쓰일 때마다 사회가 멸망하였다. 오늘날에도 이러한 에너지는 똑같이 적용된다.

돈을 가진 주인의 에너지장이 어두워지면 돈의 창조적 에너지는 더 이상 지속되지 않는다. 경제적 관점에서 볼 때 유통하는 돈은 경제적 부침과 성쇠 같은 외부 영향에 반응한다. 예를 들어, 미국 연방준비은행(FRB)의 주 목적은 돈의 흐름을 통제하는 것이다. 돈이 너무 많이 흐르면 인플레이션이 생겨 돈의 가치가 떨어진다. 반대로 돈이 너무 적게 흐르면 사회의 욕구를 충족할 만큼 돈이 충분하지 않기 때문에 불황이 나타난다. 결국 돈은 개개인이 너무 많거나 적게 가지지 않을 때 적정한 흐름을 이룬다. 이것은 결국 우리가 '적절한' 선에서 만족할 때이다. 바로 이 점을 이해할 때 제대로 돈의 혜택을 받을 수 있다. 이럴 때에 개인의 금융뿐만 아니라 세계경제도 불안정이나 혼란에 빠지지 않고 건강하고 긍정적이며 창조적인 흐름을 이룬다.

금융 하우스 청소하기

돈과 새로운 관계를 수립할 때는 오점 없는 깨끗한 바탕에서 시작해야 한다. 그러기 위해서는 먼저 금융 하우스(financial house:자신의 돈, 금융, 재정과 관련한 모든 행동과 경험의 총체다. 빚이 많다면 정산해야 하는데, 그것을 금융 하우스를 청소하는 것으로 표현한다―옮긴이)를 대청소하고 미해결 부분을 매듭지어야 한다. 과거에 겪은 개인 재정의 혼란 정도에 따라 청소는 고통스러운 작업이 되겠지만 이를 통해 창조적 에너지의 흐름을 뚫어 주는 것이 매우 중요하다. 과거와 현재에서 재정과 관련한 부정적 감정이나 죄의식, 비판을 해소하려 할 때에도 이 과정이 중요하다. 어떤 방식으로든 마음속에 있는 부정적 에너지를 청소하지 못하면 창조적 에너지의 흐름이 계속 막힐 것이고, 미래 금융 생활도 타격을 받을 것이다.

* 존의 이야기

내 고객 존은 처음 나를 찾아와 이렇게 말했다.

"선생님께 미리 밝혀 두고 싶은 게 있어요. 돈에 대해서 저는 누구도 믿지 않습니다."

우선 나는 나를 믿지 않는다고 말해 준 것에 감사하다고 말했다. 그리고 왜 모든 사람을 불신하게 되었는지 물어보았다. 그는 전처가 그를 재정적 파탄에 빠뜨렸으며 아이들도 돈이 필요할 때만 자기에게 전화한다고 했다. 그는 아버지와 동업을 했는데 아버지 역시 돈 문제로 자신을 속였다고 했다. 아내, 자식, 아버지를 포함하여 모든 사람이 돈 때문에 자기를 배신했다고 느꼈기 때문에 믿을 사람이 아무도 없었다. 재정적 차원에서 자신을 보호하는 것이 인생의 유일한 목적이 되었다.

두 시간 넘게 이야기를 하자 존은 서서히 불신의 뿌리에 있던 회한과 고통을 쏟아 냈다. 그리고 마침내 눈물을 터뜨리며 말했다.

"나는 사람들에게 원하는 건 뭐든 다 해 줬고, 또 언제든 도와주었어요. 그런데 어느 누구도 날 도와준 사람은 없어요."

존은 두말할 필요도 없이 희생자형이었다. 실제로 돈을 지배 수단으로 사용하면서 겉으로는 마치 다른 사람을 챙기고 돌봐 주는 것처럼 가장했다는 점을 알지 못했다. 불행히도 이 패턴이 역효과를 냈다. 자신을 희생하면서 도와줬다고 여긴 사람들에게 큰 기대를 걸었지만 돌아온 것은 감정적 보복과 경제적 부담뿐이었다.

존은 자신이 돈을 어떻게 사랑의 척도로 사용하고 있는지 이해하지 못했다. 남에게 어떻게 사랑을 주어야 할지 몰랐다. 그는 자기를 사랑하거나 자기 자신을 남에게 주지 못하고, 돈을 사랑의 대체물로 사용했다. 사랑하는 사람에게 돈으로 보상을 하고 그렇지 않은 사람에게는 돈을 주지 않았다. 그러니 남은 것이 돈뿐인 것은 당연했다. 슬프게도 그와 돈의 관계는 다른 사람에 대한 진정한 사랑을 덮어 버렸고, 자기에게 필요한 사랑도 받을 수 없게 만들었다.

존은 마음속 깊은 곳에서 자신이 사랑받는 존재라는 사실을 믿지 않았다. 언젠가부터 다른 사람에게 금전적인 배신을 당할지도 모른다는 자성 예언을 하게 되었는데, 그것이 자신이 누구에게도 사랑받지 못한다는 점을 보여 주는 증거라고까지 생각했다. 그는 돈으로 사랑을 표시하려 했지만 돈은 결코 마음에서 오는 진정한 사랑의 선물을 대신할 수 없었다.

시간이 지나면서 존은 차츰 자녀에게 물질적인 도움을 주고 곁에서 정서적인 힘과 도움을 주는 진정한 인간관계를 배우기 시작했다. 과거에 그가 자녀들과 유지했던 관계는 자신과 아버지와의 관계를 그대로 답습한 것이었다.

그의 아버지는 언제나 사랑과 인정을 돈으로 보여 주었다. 존의 사례는 머니 타입의 원형적 패턴이 자기 자신에서 끝나지 않고 세대를 거쳐 유전한다는 점을 보여 준다.

사실 몇 세대를 거쳐 한 가정에 전해지는 패턴을 바꾸는 것도 어렵지만 한 사람이 평생 되풀이한 패턴을 바꾸는 것 또한도 결코 쉽지 않다.

어쨌든 존은 자신의 태도와 감정이 돈과의 관계를 어떻게 규정했는지 직시하고, 더 이상 과거 그림자에서 살아가기를 포기하는 선택을 해야 했다.

마침내 그는 돈과의 관계, 아버지를 포함하여 사랑하는 사람들과의 관계를 새롭게 구축함으로써 자기 신뢰감을 재건할 수 있었다. 분노와 배신의 감정을 풀어내자 자신의 슬픔에 좀 더 다가갈 수 있었고 자신이 잃어버린 것이 무엇인지 알 수 있었다.

그것은 돈이 아니라 사랑이었다. 그는 머니 코칭을 받으며 자신이 보호하려 했던 것은 자신의 돈이 아니라 진정한 마음이었음을 알게 되었다.

머니 그림자 다루기

존의 사례에서 보았듯이 돈과의 관계는 부모를 비롯한 가족 구성원들과 함께한 어린 시절에서부터 시작한다. 나는 머니 코치로서 지금까지 수많은 고객을 상담한 결과 어릴 때 학습한 돈에 대한 태도가 주로 무의식에 남아서 현재 삶과 생활의 그림자 에너지로 드러난다는 사실을 깨달았다. 어느 순간 우리는 결코 부모처럼 되지 않기를 희망했다. 그러나 그렇게 싫어했던 부모의 모습과 그래서 스스로 부정하고 싶었던 모습을 자기 속에서 보게 된다. 이 때문에 자신의 두 마음을 통합하지 못하고 혼란을 느낀다.

과거에 부정했던 자신의 내면, 즉 분아(分我)에 접속하는 법을 배우는 것이야말로 돈과의 조화로운 관계를 창조하기 위해서 반드시 필요한 일이다. 그것은 곧 모든 것을 사랑하고 받아들이는 방법을 배우는 통합의 과정이다. 거기서 결과적으로 자신 안에 분리된 여러 가지 분아들을 조화롭고 상호 연관한 전체로 묶거나 결합할 수 있다. 이것은 가장 크고 도전적인 과제이다. 자신과 타인을 위해서 얼마나 용기와 동정심을 갖고 이것에 접근하느냐에 따라 개인적 차원과 집단적 차원에서 인류의 '돈 의식', 즉 돈에 대한 의식을 변화시키는 일에 기여할 수 있다.

부모 거울

돈과의 관계를 변화시키고자 한다면 과거에 어떤 과정으로 돈에 대한 신념을 가졌는지, 돈이 자신에게 어떤 깊은 의미를 가졌는지 내면 여행을 통해 제대로 알아보아야 한다.

부모 거울 실습은 당신의 부모가 가지고 있을 돈과 관련한 특징, 에너지, 태도를 알아보기 위한 것이다. 생각나는 것 무엇이든 최대한 솔직히 써 보라. 의식의 흐름을 따른다는 마음으로 실습에 임하라.

먼저 눈을 감고 아버지든 어머니든 한 분에 대해 상상해 보라. 혹시 부모 대신 다른 보호자 밑에서 자랐다면 그분을 생각해도 좋다. 이왕이면 어머니에서 시작하라. 어머니에 대한 분명한 이미지가 떠오른다면 어머니가 보였던 돈에 관련한 특징, 태도를 설명하는 단어들을 나열해 목록으로 만들어 보라. 이때 서술적인 단어나 표현을 사용하되 분석하거나 비판하지는 말라. 기억나는 것은 빠짐없이 기록하라. 작업이 끝났으면 아버지에 대해서도 동일한 과정으로 나열해 보라.

다른 보호자 밑에서 성장했을 경우에는 그들과 관련하여 떠오르는 돈에 대한 경험이나 기억을 써 보라.

이렇게 부모에 대한 작업을 끝냈다면, 돈과 관련한 당신 자신의 특징, 에너지, 태도 등을 설명할 수 있는 단어나 표현 목록을 작성해 보라. 이제 당신에 대한 목록을 부모에 대한 목록과 비교해 보라. 당신이 가진 돈에 대한 신념은 부모의 어떤 면을 어떤 식으로 거울처럼 가장 많이 반영했다고 생각하는가? 당신의 어떤 특성이 아버지와 어머니 중 어떤 분을 닮았거나 어떤 분으로부터 영향을 받았다고 생각하는지 각 단어나 표현을 구별해 보라.

이때 아버지나 어머니를 구별하기 위해 색깔이 다른 형광펜으로 각 단어나 표현을 표시하는 것이 좋다. 가령 아버지에게서 영향을 받았다고 생각하는 단어는 노란색으로 표시하고 어머니에게서 영향을 받았다고 생각하는 단어는 빨강색으로 표시하라. 부모 대신 다른 친척이나 보호자 밑에서 자랐을 경우에는 서로 다른 색깔로 표시하라.
이제 다음 질문에 답해 보자.

- 나는 돈과의 관계에서 부모님 중 누구를 더 많이 닮았는가?

- 어머니와 아버지 두 분의 어떤 측면이 내 생활에서 자주 드러나는가?

- 나는 부모님의 어떤 측면을 긍정적, 혹은 부정적인 것으로 평가하는가?

- 나는 나의 어떤 특성과 태도를 솔직하게 수용하는가?

- 나는 나의 어떤 특성과 태도를 부정하는가?

- 나는 그러한 측면을 왜 부정하는가?

당신이 지금까지 '부정적인 것'으로 평가했던 것들을 이해하고 수용하고 용서해야 한다. 이는 돈과 관련한 당신의 두려움, 행동, 동기를 이해하기 위한 기준선 역할을 할 것이다.

당신이 자신의 모든 것을 사랑하고 포용하는 법을 배울 때 당신은 자신의 잠재력을 더 많이 발휘할 수 있다. 당신은 부모 거울 실습으로 얻은 깨달음으로 돈에 대한 낡은 신념을 새롭게 바꿀 수 있다. 그 결과 당신은 인간적·재정적 차원에서 더 큰 성취를 이룰 수 있다.

재정 생활 장부로
재정 상태를 분석하라

돈과 관련한 과거의 정서적 문제를 말끔히 청소하지 않으면 돈과의 관계를 바꿀 수 없다. 이를 위해서는 재정 생활 장부를 작성해야 한다. 해결하지 못한 재정 문제 중 꼭 해결하고 싶은 것을 목록으로 나열해 보라.

어쩌면 이 과정에서 사랑하는 사람을 포함하여 다른 사람들과 직면해야 할지도 모른다. 다음으로는 당신이 직접 책임져야 할 필요가 없는 것도 적어 보라. 예를 들면, 잘못된 것 같은 요금 청구서나 동의할 수 없는 세금고지서도 포함시켜라.

이렇게 장부 목록을 완성하면 중요하거나 스트레스를 많이 받는 순서대로 나열하라. 이것은 당신의 원본 장부에 해당하는데, 미래의 참고 자료로 보관할 필요가 있다.

이제 원본 장부에서 처음 세 항목을 선택하고 그것에 대한 실천 목록을 작성하라. 즉 앞으로 일주일 이내에 각 목록에 해당하는 문제를 해결하는 구체적인 실천 사항을 결정하라. 해결에 초점을 두고 관련되는 사람이나 사업체와 접촉하라. 그리고 이렇게 말하라.

"이 문제를 제대로 해결하고 싶어서 연락을 드렸습니다. 제 상황은 이렇습니다. 어떻게 하면 문제를 해결할 수 있을까요?"

이 방식으로 문제를 해결한 것처럼 원본 장부에 있는 모든 목록도 해결을 시도해 보라.

일단 감당할 수 있는 범위 내에서 시도하라. 그렇지 않으면 육체적으로

나 정서적으로 과도한 에너지를 소모할 것이다. 실습 목적은 미해결 문제를 기분 좋게 다루도록 돕기 위해서이지 힘들어지기 위해서가 아니다

물론 이렇게 시도했음에도 불구하고 의도한 대로 모든 문제가 해결된다는 보장은 없다. 그러나 모든 것을 완벽하게 해결하는 것이 궁극적 목적은 아니다.

중요한 것은 의식적으로 자기 의도를 상대에게 알리고 그에 상응하는 행동을 시도하는 것이다. 문제를 해결하고자 하는 단순한 의도만으로도 당신에게 신선한 에너지가 다시 흘러들어 오도록 물꼬를 틀 수 있다.

신념을 갖고 영성과 연결되어 있다면 나머지 과정은 보다 쉽게 해결할 수 있다.

만약 문제 해결 과정에서 너무 많은 어려움을 겪는다면 외부 도움이 필요하다는 뜻이다. 조금이라도 도움이 필요하다면 카운슬러에게 상담을 청하든지 법률적, 또는 재정적 도움을 구하라. 어떤 식으로 문제를 해결하든 결과는 같다. 마음이 가벼워지고 에너지가 많아지는 것을 느낄 수 있을 것이다. 그러면 돈과의 관계를 위한 새로운 기초를 놓을 준비가 된 것이다.

돈을 사랑의 대체물로 여기지 말라

수잔이라는 여성 고객이 있있는데, 전형적인 순진형이었디. 돈 문제를

무조건 도피하던 그녀는 재정 문제가 너무나 엄청나 보여 어쩔 줄을 몰랐고 급기야 신경쇠약까지 보였다. 청구서나 빚 독촉에 너무나 시달린 나머지 매일 도착하는 우편물을 제대로 챙겨 볼 수 없었다. 물론 이런 행동은 문제를 더욱 악화시켰다. 열어 보든 안 보든 청구서는 그대로 존재했고 시간이 지나면서 청구서 액수는 점점 커졌다. 그녀는 공포와 죄의식으로 거의 마비 상태에 이르렀다.

나는 그녀 곁에 앉아서 우편물을 하나씩 열어 보았다. 매달 갚아야 할 빚은 감당할 수 있을 정도였다. 문제는 그녀가 자신의 지나친 소비 습관에 큰 죄의식을 느꼈고, 청구서가 너무 많아 이성적으로 대처할 수 없었을 뿐이다. 결국 그녀는 신용전문상담원을 통해 채권자와 협상했을 뿐만 아니라 회계사를 통해 체납 세금을 신고했다. 그 후 매월 일정액을 지불했고, 다행히 2년 만에 빚을 완전히 청산했다. 물론 그동안에도 머니 코칭을 계속해 나갔다.

그녀는 때맞추어 과거를 해결하기 시작했다. 자신의 낭비벽이 불행한 관계에 깊이 뿌리를 두고 있다는 것을 알게 되었다. 사실 그녀는 여러 해 동안 한 남자를 깊이 사랑했지만 정작 그는 필요할 때 한 번도 그녀 곁에 있지 않았고 그녀에게 헌신하지도 않았다. 낭비벽은 남자와의 불만족스러운 관계를 채우려는 욕구에서 시작되었다.

그녀는 물건을 사면서 사랑받고 보살핌받는 느낌을 받았다. 잠시 동안이나마 자신이 소중한 사람이 된 것 같은 느낌이 들었다. 남자와의 관계에서 만족하지 못하는 만큼 물건을 사서 모자란 사랑을 채우려는 성향이 커졌다. 자존감은 완전히 파괴되었으며 재정적 위기에 빠지게 되었다.

돈은 그토록 갈망했지만 받지 못했던 사랑의 대체물이었다. 이런 식으로 돈에 중독되어 버렸다. 그녀는 결국 '익명의 채무자 모임'에 가입했는데, 다행히 많은 도움을 받았다.

이후에 그녀는 아예 남자 친구와 헤어져 버렸다. 새로운 미래를 개척하는 동안 광고업계에서 새 삶을 시작했다. 결국 아주 유망한 광고 회사를 소유하게 되었고 연봉 30만 달러 이상을 벌었다. 이것은 자신의 금융 하우스를 말끔히 청소하고, 부정적 에너지를 모두 제거해 낸 결과였다.

머니 코칭으로 학습한 것을 자신이 살고 싶은 새로운 사회를 건설하는 데 적용하게 되었다. 돈과의 관계를 재설정하기 전에는 그녀의 삶 속에서 이러한 긍정적인 경험을 할 여지가 없었다. 공간을 청소하자 비로소 창조적인 돈의 흐름이 그녀를 따라 들어왔다.

돈과의 완전한 관계

개인적인 인간관계를 염두에 두면서 돈과 어떤 관계를 맺고 싶은지 생각해 보라. 만약 배우자를 구하는 광고를 신문에 낸다면 원하는 사람을 어떻게 묘사할지 분명하게 생각해야 할 것이다. 그러지 않으면 원하는 사람을 찾기 어려울 테니까 말이다. 그처럼 원하는 것을 분명하게 묘사할수록 원하는 관계를 실현할 확률도 더 높아진다. 그 대상이 사람이든 직업이든 돈이든 마찬가지다. 돈과 어떤 관계를 맺고 싶은지를 가능한 한 분명하게 정의하라. 그리고 당신의 의도를 분명하게 밝히는 광고 문안을 작성해 보라. 예를 들면 이렇게 말이다.

저는 영적인 존재로서 돈과의 관계에서 서로 믿고 서로를 충족시켜 주고 서로를 창조적으로 만들어 주며 함께 부유해지되 어떠한 한계도 모르는 관계를 맺고자 합니다. 저는 제 삶에서 이런 관계를 받아들일 준비가 되었으며 부와 풍요를 삶 속에 끌어안고 싶습니다. 돈과 함께 최고 선의 경지를 이루고 싶습니다.

광고 문안을 작성한 후에 욕실 거울에 붙여 놓으라. 매일 아침 하루를 시작하면서 당신의 의도를 잘 표현한 이 광고문을 큰 소리로 읽으라. 다 읽은 후에는 성공을 기원하는 마음으로 다음과 같은 말을 반복하면서 자신에게 자기 암시를 걸라.

"이제 이 완벽한 관계를 내 삶으로 기꺼이 맞아들이겠습니다. 이미 맞아들인 것으로 여기겠습니다. 그것은 반드시 이루어질 것입니다."

Money
Therapy

Part 06

ㄱ

부부 머니 타입

돈에 대한 생각을 바꾸면
부부 문제는 없다

"한 인간이 다른 인간을 사랑하는 것, 우리가 할 일 중
그것이 가장 어려운 과제이며 궁극적인 것이며 마지막 시험이다.
다른 모든 일은 그것을 위한 준비 과정일 뿐이다."

릴케

돈의 밝음과 어두움을
다 포용하라

오직 인간만이 주변 세상을 지배하려는 욕구를 가지고 있다. 우리는 어릴 때부터 예측하거나 지배할 수 없는 대상을 두려워하고 불신하도록 배웠다. 또한 내적 모순에 불편함을 느끼고 또 조심한다. 아마도 이런 이유로 돈을 어려워하는 것이 아닐까. 돈은 모순으로 가득 차 있다. 그것은 인간이 가진 이중성과 다르지 않다. 돈은 영적이면서도 물질적이고, 창조적이면서도 파괴적이며, 다정하면서도 잔인하다. 돈은 우리가 가진 가장 큰 꿈을 실현하는 데 긍정적인 힘으로 작용할 수 있지만 동시에 최악의 악몽으로 좌절시킬 힘도 가지고 있다.

돈과의 관계를 제대로 치유하려면 돈의 밝은 면뿐만 아니라 어두운 면까지도 포용하는 법을 배워야 한다. 돈이란 소유자의 에너지를 반영하는 거울일 뿐이기 때문이다. 이러한 진실은 반드시 인정해야 한다. 그래야 비로소 돈의 이중성 중에서 어떤 면을 창조하고 싶은지 정확하게 선택할 수 있다. 우리는 돈의 이중성을 이해하고 포용해야 할 뿐만 아니라 그것이 담고 있는 다양한 차원과 근본적인 모순에도 익숙해져야 한다.

　삶의 모든 것은 일종의 조각 맞추기와 같다. 표면적인 많은 것들이 실은 보이지 않는 전혀 다른 본질을 숨기고 있다. 우리는 저 멀리 지평선을 바라볼 때 끝없이 광활한 대지가 펼쳐지는 것도 함께 본다. 바로 그때 옛날 사람들이 왜 지구가 평평하다고 생각했는지 진심으로 이해할 수 있다. 하지만 세상과 마찬가지로 돈도 결코 평평하지 않으며 다차원적이다. 우리는 관점을 바꾸기 전까지는 돈을 흑백논리로 볼 수밖에 없고, 이것은 우리를 계속해서 일차원적이며 자기 파괴적인 세계에서 살게 만든다. 그러나 이것은 결코 진실이 아니다.

　돈은 우리 존재의 모든 부분에 스며들면서 자신과의 관계뿐 아니라 다른 사람과의 관계에도 영향을 미친다. 우리는 무의식적으로 사랑, 힘, 두려움, 통제라는 관점에서 돈에 대해 결정한다. 많은 사람이 돈을 지배할 수 없다고 느끼기 때문에 두려움을 바탕으로 돈에 대해 결정하는 것이다. 그러나 두려움이 깔린 결정은 반응일 뿐 선택이 아니다. 돈에 관한 두려움은 돈을 지배하려는 욕구에서 나오기 때문에 진정한 힘이 결핍되어 있다. 자신과 남을 사랑하는 마음으로 선택할 때 우리는 진정한 힘과 신성 안에 서게 된다. 그때 비로소 우리에게 필요한 모든 것이 충족될 수 있다는 것을 진실로 믿을 수 있게 된다.

돈에 대한
생각 바꾸기

세상은 타인을 짓밟고 성공의 사다리를 타고 올라가는 사람들, 돈과 권력을 얻고 지배하기 위해 영혼까지 팔아 버리는 사람들로 가득 찬 것처럼 보인다. 이런 상황에서 우리는 재정적으로 강한 사람만이 살아남는다고 생각한다. 이러한 이미지는 인간 역사와 결합되어 돈에 대한 불신과 경멸을 심화시키고 있다. 이런 현실 속에서 오랫동안 우리 무의식에 저장된 개인적·사회적 경험들은 우리가 가지고 있는 당연한 풍요를 제대로 드러내지 못하게 한다. 돈과 관련한 부정적인 마음과 두려움 때문에 꿈꾸는 인생과 재정적 안전을 창조하려는 노력이 성과를 거두지 못하고 파괴된다. 이러한 상태를 변화시키려면 새로운 신념 체계를 창조해야 한다. 이 체계는 우리가 진정으로 구현하려는 실재와 힘 같은 긍정적 이미지와 새로운 언어로 가득 차 있다. 지금 우리 마음속에는 부정적인 관념이 담겨 있을 뿐만 아니라 부정적인 언어를 사용함으로써 그 관념에 에너지와 생기를 주어 점점 더 키우고 있다. 그 결과 우리 삶에서 돈의 흐름이 막히는 것이다.

우리가 가진 돈에 대한 생각이 무한한 힘을 갖듯이 우리가 사용하는 말은 더욱 큰 힘을 갖는다. 생각을 말로 표현할 때 비로소 창조적 에너지와 움직임이 작용한다. 생각이 의도에서 행동으로 표현될 때 무한한 힘을 갖게 된다. 현실을 새롭게 창조할 힘을 가지려면 우리가 가진 생각, 말, 의도, 행동을 인식할 수 있어야 한다.

그러기 위한 몇 가지 간단한 방법이 있다. 예를 들어, 돈이 부족하다고 느껴지면 예전처럼 "난 돈이 없다."라고 말하지 말고 좀 더 긍정적인 방식으로 상황을 표현하라.

"지금은 돈에 대한 휴식 시간이야. 당분간은 좀 더 놀고(노래하고, 춤추고, 창의적이 되고) 좀 덜 쓸 필요가 있어."

자녀들이 무엇을 사 달라고 할 때 예전처럼 "돈이 그냥 생기는 것이 아니다."라는 식으로 나무라지 말고 사실을 말해 주라. "돈은 중요한 자산이므로 신중하게 사용해야 한다."라고 말이다. 자녀들이 원하는 것을 사 주지 않는다고 운다면 부드럽게 달래면서 이렇게 말하라.

"난 너희들을 사랑해. 그렇지만 나는 사랑을 오직 물건 사 주는 것만으로 표현하지는 않아."

이렇게 하면 자녀는 마음으로 만족하며 사는 법을 배울 수 있다.

자기 자신에 대한 생각 바꾸기

사람들은 돈에 대해 자기 성격과 모순되거나 혼란스러운 행동을 보인다. 그 이유는 앞서 여덟 가지 머니 타입에서 알아본 것처럼 해결되지 못한 과거의 무의식적 문제 때문이다. 돈은 인간의 최선과 최악을 모두 드러낼 수 있고 실제로 드러낸다. 우리가 좀 더 의식해야 할 부분이 바로 이 이중성이다. 우리는 자신의 이중성과 모순을 수용할 때 비로소 어디서 어떤 방식으로 살고 싶은지 의식을 갖고 선택할 수 있다.

우리 안에는 빛과 어둠이 동시에 존재한다. 이를 부정하는 것은 자신의 일부를 부정하는 것과 같다. 무의식을 의식으로 끌어올릴 수 있을 때 자신의 선택으로 현실을 창조하는 힘을 이용할 수 있다. 그 느낌을 부정하면 그것도 나름의 생명력을 가지고 있기에 독방에 갇힌 죄수가 탈출하려고 하는 것처럼 우리 안에서 조금씩 우리를 갉아먹는다. 내면의 영적 세계와 외면의 물질세계를 조화롭게 공존시키는 법을 배워야 한다. 그러지 않으면 스스로 만든 감방의 죄수로 살아갈 수밖에 없다.

* 앨런의 이야기

경제적 현실을 변화시키는 데 필요한 핵심적인 것은 머니 타입으로 일상생활에 표출되는 무의식적 패턴과 신념을 확인하는 것이다. 다른 면에서는 인정 많고 친절한 사람이 돈 문제에서는 전혀 다른 사람이 되는 상황을 자주 목격한다. 내 고객 앨런이 그런 사람이었다. 그는 부인의 요구 때문에 어쩔 수 없이 상담을 받으러 왔는데, 부인은 앨런이 '돈에 대해 고집불통'이어서 무척 속상해하고 절망하고 있었다.

앨런은 매우 유능하고 지성적인 사람이었다. 그는 부인과 아들을 몹시 사랑했다. 사업에서도 성공했을 뿐만 아니라 몇 년 전 작고하신 부모님으로부터 상당한 재산을 물려받았다. 그 돈으로 앨런과 가족은 안정과 평안함을 얻을 거라고 예상했지만 오히려 큰 스트레스를 겪었다. 특히 부자 관계에서 심했다. 예를 들어 앨런은 경제적 여유가 있음에도 아들의 대학 등록금이나 교육비를 주지 않겠다고 강경하게 말했다. 왜냐하면 그 돈은 자기 것이기 때문에 굳이 대학 교육비까지 대 주어야 할 필요가 없다고 생각했던 것이다.

뿐만 아니라 앨런은 투자하는 것도 반대했다. 그는 부모님으로부터 유산을 받은 후에 다소 사치스러운 소비 습관이 생겼다. 상담을 받으러 왔을 때 이미 상당한 유산을 소비해 버렸기에 남은 재산이 겨우 15만 달러 정도였다. 그것을 연 4퍼센트 정도의 이율로 은행에 예치해 놓고 있었다. 대부분의 돈은 두 개의 부동산을 매입하는 데 소비했다. 한 가지는 지금 거주하고 있는 주택이고 다른 한 가지는 동부 메인주 해변에 있는 별장이었다.

앨런은 두 채의 집을 모두 현금으로 구입했다. 그런데 메인주 별장은 두어 번 갔을 뿐 1년 내내 거의 비어 있었고 세를 주지도 않았다. 두 집을 합치면 시가 60만 달러가 될 정도로 가치가 높았다. 이런 상황에서 그의 가족에겐 그가 몇 년 전 가입한 IRA라고 하는 작은 퇴직연금을 제외하곤 어떤 자산도 없었다. 이 상황이 표면적으로는 그렇게 나빠 보이지 않았지만 사실 그에게는 다른 문제가 있었다.

나는 앨런과 이야기하면서 투자를 어떻게 생각하느냐고 물었다. 그는 아버지가 늘 주식에 빠져 있는 '도박꾼'이었다고 말했다. 불행히도 아버지는 주식에 실패했고, 때문에 앨런에게 주겠다고 약속했던 대학 교육비까지 모두 날려 버렸다. 설상가상으로 얼마 지나지 않아 아버지가 돌아가셨고 앨런의 배신감은 더욱 깊어졌다. 지금까지 한 번도 돈을 관리해 본 적이 없었던 어머니는 주식 브로커를 고용했지만 그나마도 브로커에게 거의 사기를 당하고 말았다. 이 일이 앨런에게 큰 영향을 미쳤지만 그는 어떤 내색도 하지 않았다.

앨런이 이야기를 다 마치자 나는 그가 왜 투자라면 질색하는지 심정을 이해할 것 같다고 말해 주었다. 그는 이렇게 반응했다.

"물론 내가 돈을 더 늘릴 수도 있다는 점을 알아요. 하지만 내 돈만큼은 내 방식대로 관리하고 싶어요."

이런 상황에서 나는 앨런의 부인이 그를 '고집불통'이라고 한 이유를 알 수 있었다. 나는 앨런의 머니 타입이 군주형일 것이라고 짐작했다.

대화의 방향을 돌려 앨런이 현재 당면한 경제적 관심 분야와 삶의 우선순위를 들어 보았다. 그는 6년 후인 50세쯤에 은퇴하고 아들을 현재 재학 중인 사립고에서 졸업시키는 것 말고는 다른 우선순위가 없다고 했다. 아들의 대학 교육비 계획을 묻자 한마디로 대 줄 수 없다고 말했다. 비싼 학비를 대 주면서까지 사립고에 입학시켰으니 대학 교육비까지는 지불하지 않겠다는 것이었다. 앨런의 태도가 매우 모순적으로 보였지만 나는 어떤 반응도 하지 않았다. 사실 그도 자식 교육에 일말의 책임감은 느끼고 있었다. 그렇지 않다면 왜 비싼 사립고 교육비를 감당하겠는가? 그런데 왜 아들의 대학 교육비를 감당할 만한 경제적 여유가 있음에도 대 주지 않겠다고 완강하게 버틸까?

나는 앨런과 긴 대화를 한 끝에 그가 아직도 주식 투자로 자신의 대학 등록금을 몽땅 날려 버린 아버지에 대한 분노와 원망을 마음속에 고스란히 간직하고 있다는 걸 알게 되었다. 나는 이렇게 말했다.

"아버지 때문에 대학을 못 간 것은 정말로 유감이에요. 그러나 당신 삶을 되돌아봤을 때 당신은 대학을 나오지 않은 사람치고는 매우 능력 있고 머리도 좋은 것 같아요. 그러니 자신에 대해서 자부심을 느껴야 해요. 당신은 지금까지 훌륭하게 잘 사셨어요."

그러자 앨런은 어리둥절한 표정으로 말했다.

"칭찬 감사합니다만, 저는 대학을 다니지 않았다는 말씀을 드리지 않았는데요. 사실 프린스턴대학을 졸업했어요."

순간 앨런은 무심결에 자신의 또 다른 주요 머니 타입과 돈 문제의 저변에 깔린 원인을 드러냈다. 앨런은 피해자형과 군주형이 혼합된 차원에서 살아온 것 같았다. 평소에는 주로 군주형의 특징을 드러내고 있었지만 동시에 진정한 자기감정과 직면하기를 거부하는 피해자형 특징도 드러내고 있었다.

앨런은 아직도 아버지에 대한 감정적 에너지와 분노를 무의식적으로 삶 속에 풀어내고 있었다. 실제로 아버지가 '도박꾼'이었는지도 의심할 만했다. 아버지가 돌아가신 후에도 충분한 재산이 남아 있었던 것으로 보였기 때문이다. 그러나 앨런은 아버지에 대한 배신감을 외부 탓으로 돌려야만 했다. 그는 언제부터인가 절대로 아버지처럼 도박꾼이 되지 않을 것이며 어머니처럼 남에게 속지 않겠다고 무의식적인 다짐을 했다. 앨런은 객관적인 현실과 상관없이 가난하다고 믿었으며 그것을 바로 돈과 투자 탓이라고 생각했다. 결국 그는 피해자형에 해당했다. 실제로 아버지가 도박을 했고 어머니 또한 사기를 당했으니 확실히 돈이란 놈이 범인이었다고 할 수 있다.

물론 앨런은 실제로 가난하지도 않았고 어떤 것도 빼앗기지 않았다. 게다가 아이비리그 최고 명문 사립대인 프린스턴대도 다녔고 자기 몫의 신탁 자산도 있었다. 대학 졸업 후에는 행복한 결혼 생활을 누렸으며 귀여운 아들도 있었다. 하지만 객관적인 상황과는 별도로 마음속 깊은 곳에서는 여전히 아버지에게 실망한 상처 입은 어린 소년이었다. 자기 고통을 직면하는 대신 그것을 간접적으로 돈과의 관계 쪽으로 투사했다.

앨런의 경제생활에 주된 역할을 하는 피해자형 내면은 그가 자신도 모르게 과거에 얽매이도록 만들었다. 자신의 잘못된 무의식적 신념을 붙들고 놓지 않았다. 급기야 아버지에게 거부당한 느낌을 되새기게 한 아들을 소외시키기까지 했다. 비록 의식적인 차원에서 원하지는 않았겠지만 자기 상처를 아들에게 그대로 전해 준 셈이었다.

아들 조쉬는 학업 성적이 아주 좋았으며 아버지에게 언제나 질 높은 교육이 중요하다는 말을 들어 왔다. 하지만 아버지의 도움 없이는 입학 허가를 받은 대학에 다닐 수 없었다. 결국 인근 전문대학으로 진학해야 할 형편에 놓여 있었다. 사실 앨런은 아들을 많이 사랑했다. 때문에 경제적인 차원에서 아들에게 행한 처사는 정말 믿기 어려운 일이었다. 또한 부인이 그의 소비성향과 안전하게 분산투자되지 않은 재산에 대해 걱정한다는 것도 인정하지 않았고 무시했다. 앨런은 실제로 사려 깊고 사랑이 많은 사람임에도 경제적인 차원에서 진정한 자기감정을 부정함으로써 결국 군주형으로 살아왔다.

몇 개월 동안 상담을 받으며 앨런은 자신에 대해 좀 더 확실하게 인식하게 되었다. 그래서 그는 스스로 과거의 경험이 현재의 파괴적인 가치관에 일조하도록 만들었다는 사실을 인정했다. 앨런이 받은 실제 상처는 경제적인 것이 아니라 감성적인 것이었다. 아버지에게 받은 상처와 그때 느꼈던 배신감을 무의식중에 돈으로 표출한 것이다. 두 부모님이 너무 일찍 돌아가시자 그는 슬픔을 느끼고 표출하는 대신 자신을 피해자로 만들었다.

앨런의 부모는 많은 돈을 남겨 주었다. 그러나 앨런이 그 돈을 쓰지 않겠다고 했기 때문에 그는 겉으로는 이기적인 사람처럼 보였다. 하지만 그는 결코 이기적인 사람이 아니었다. 단지 돈을 두려워했을 뿐이었다. 그는 돈에 관한 한 자신을 믿을 수 없었으며, 부모처럼 가족을 실망시킬까 봐 위험부담이 있는 일에 개입하거나 모험을 하고 싶지 않았다. 그래서 집을 두 채 매입한 후에 다른 어떤 금융이나 재정적 투자 계획을 세우지 않았고 미래에 대한 어떤 경제적 약속도 하지 않았다. 혹시라도 실패할지 모른다는 내면의 두려움 때문이다.

앨런의 이야기를 잘 들어보면 자기감정을 잘 숨기는 사람일수록 간혹 무의식적으로 더욱더 안전하고 안락한 물질세계를 추구한다는 사실을 알 수 있다. 또한 해결하지 못한 경제적 문제가 자기 본성과 반대되거나 모순되는 행동으로 표출될 수 있다는 사실도 보여 준다.

앨런은 아버지에게 느꼈던 배신감을 치유하기 위해 가장 위대한 교훈을 깨달아야 했다. 그것은 용서해야 한다는 것이다. 앨런은 서서히 부모를 이해하고 용서하면서 마음을 열고 부모를 사랑하게 되었으며 자신에게 준 기회를 감사히 여기게 되었다. 부모의 진실을 보게 되자 그 진실을 자기 삶으로 수용하게 되었다.

그는 아들의 대학 교육비를 위해 충분한 금액을 따로 떼어 놓기로 했다. 그것은 진정한 치유가 일어났다는 증거였다. 그것은 아버지를 진정으로 용서하고 더 이상 과거에 집착하지 않고 놓아 버림으로써 과거로부터 진정 자유로워진 것이었다.

나는 마음속 상처를 치유한 앨런에게 신중한 투자가가 되는 법을 가르쳤다. 덕분에 자기 돈을 잘 다룰 수 있다는 자신감이 생기면서 사치스럽던 과거 소비 습관을 버리고 새로운 삶을 위한 준비 단계에 들어갔다. 우선 메인주 별장을 담보로 융자를 받고 그 집을 전세로 내놓았다. 그리고 25만 달러라는 목돈을 만들었다. 매달 꼬박꼬박 갚아야 했던 이자와 원금은 월세를 받아서 해결하고 융자 받은 돈으로 다양한 주식에 투자했다. 그 돈은 지난 10년간 거의 100만 달러로 늘어났다. 같은 기간 동안 그의 부동산 가치는 겨우 10만 달러 정도밖에 오르지 않았다. 앨런이 마음을 바꾸자 확실히 더 부유해졌다. 무엇보다 중요한 것은 아들과의 관계를 회복할 수 있었다는 점이다.

앨런이 돈과 관련한 심리 문제를 해결하지 않았다면 군주형이 일생을 좌지우지했을 것이다. 그러나 그는 더 이상 군주형이 되지 않고 머니 머지션이 되었다. 다행히 두려움보다 사랑을 택했다. 그리고 지배 욕구를 벗어던졌다. 사랑은 확실히 두려움보다 항상 더 큰 힘을 발휘한다. 앨런은 돈과의 관계에서 치유되면서 새로운 유산을 아들에게 전해 줄 수 있었다. 그것은 물질적인 유산이 아니다. 바로 두려움과 지배가 아닌 사랑과 동정심에 기반을 둔 머니 머지션의 특징이라는 유산이다.

부부 머니 타입을 알면
부부 문제가 해결된다

내적으로 해결되지 못한 돈 문제는 부부생활에서 가장 뚜렷하게 드러난다. 인간관계에 존재하는 가장 강력한 에너지는 바로 돈과 섹스이다. 이 두 가지는 대부분 모든 인간관계에서 발생하는 문제의 근원이다. 사실 대부분의 사람이 섹스보다 돈에 대해 이야기하는 것을 더 어려워한다.

내가 관찰한 바에 의하면 돈이든 성이든 문제는 수요와 공급에 달려 있다. 공급이 적어질 때마다 수요가 더 많아진다는 데 문제가 생긴다. 이런 관계 속에 얽매여 사는 사람들은 흔히 자신이 원하는 것이 부족하고 제한되어 있다고 느끼며 행동한다. 거기서 느끼는 두려움이 강한 지배 욕구를 만든다. 하지만 사람들은 사랑과 힘에 기초해 행동할 때 자신을 열고 진심으로 풍요로운 삶을 받아들이게 된다는 사실을 모른다.

일반적으로 사람들은 돈이 자신에게 의미하는 바를 부정하는 경향이 있어서 돈과의 관계가 황폐해진다. 많은 고객이 돈과의 관계에 문제가 있으므로 그것을 풀어야 한다는 조언만 들어도 두려움이나 분노 속으로 숨어 버린다.

흔히 여자들은 두려움으로, 남자는 분노로 반응한다. 물론 이 현상은 고정된 성 역할에 따른 사회화가 초래한 결과이다. 역사적으로 볼 때 여자는 남자에게 경제 문제를 의존해 왔다고 볼 수 있는데 이 경향은 오늘날에도 나타난다. 여성은 삶과 경제적 운명에 대해 무력감을 느낄 수밖에 없었다. Part 03에서도 밝혔듯이 많은 여성이 순진형이다. 돈을 버는 것은 '남자의 일'이었기 때문에 여자는 돈에 대해 몰라도 됐다. 오늘날 여성의 경제활동 비율이 점점 높아지고 있지만 많은 여성이 여전히 돈 문제에 어색해하고 미숙한 반응을 보인다.

맞벌이 부부가 흔해졌지만 여전히 많은 여성이 경제적 결정권은 남성에게 있다고 여기는 전통적 부부관계에서 살고 있다. 현대사회가 발전하면서 성 역할 또한 많은 부분에서 진화해 온 것이 사실이지만 변화는 아주 느리게 진행되고 있다. 그 부분적 원인은 여성들이 돈과의 관계에서 적극적이지 못하고 자기주장을 두려워하기 때문이다. 이들은 경제적 측면에서 자신이 취약한 입장이라고 느낄 뿐만 아니라 남편의 경제적 결정을 물어보거나 추궁하는 것 자체를 불편해한다. 내가 보기에 다른 면에서는 매우 강한 여성들이 돈 문제에서는 남편에게 매우 종속적이며 심지어 비굴한 모습까지 보여 준다.

여성은 인간관계에서 감정을 중요시한다. 그리고 돈이 수많은 문제의 원인으로 작용하기 때문에 돈 문제는 아예 건드리지 않는 편이 낫다고 생각하는 경향이 있다. 물론 경제적으로 책임을 지지 않는 것이 훨씬 속 편할 수 있다. 하지만 경제 문제에 무지하고 순진하게 사는 것은 인간관계에 아무런 도움이 되지 않는다는 점을 명심해야 한다.

나는 지금까지 많은 부부를 상담하며 그들이 서로 돈이나 경제 문제에 관해 더욱 건강하고 균형 잡힌 합의를 볼 수 있도록 도왔다. 이 일이 특히 보람 있는 이유는 부부관계에서 서로가 힘의 균형을 이루려고 노력할수록 훨씬 편해지고 자유로워진다는 사실을 분명히 보아 왔기 때문이다. 이런 균형을 이루려면 남편과 아내는 서로 사랑하고 아끼는 마음으로 문제를 대해야 한다. 현실적인 경제문제 때문에 상대방이 두려움이나 공포를 느끼고 있을 때는 더욱 그러하다. 오랜 시간 동안 많은 부부를 상담해 온 다양한 임상경험에 근거하여 나는 부부 머니 타입을 대략 다음과 같은 세 가지 유형으로 정리해 보았다.

부부 머니 타입 1

전통적 패턴 – 남편주도형

같이 상의하지만 결정은 남편이 한다

전통적인 부부 머니 타입인 남편주도형은 오늘날에도 가장 흔하게 볼 수 있다. 이것은 부모 세대의 돈의 역학을 그대로 답습한 것으로 남편이 경제적 결정을 주도하는 형이다. 이 경우 돈이나 경제, 집이나 차를 사는 것과 같은 중요한 결정 사항에 대해 부부가 서로 대화를 하긴 하지만 결국 마지막 결정권은 남편에게 돌아가게 된다.

이런 유형은 남편이 일을 하고 부인이 전업주부로 살림을 맡은 경우가 많지만 맞벌이인 경우에도 흔하다. 나는 같은 여성으로서 다른 많은 여성들에게 이러한 유형의 생활 방식을 어떻게 생각하는지 물어보았다. 그런데 그들은 하나같이 동등한 결정권을 가지고 싶지만 돈에 대한 지식이 부족해서 결정권을 요구하지 못한다고 대답했다.

부부 머니 타입 2

현대적 패턴 – 공동합의형

같이 상의하고 같이 결정한다

현대적인 부부 머니 타입인 공동합의형은 부부가 서로 합의하여 경제적 결정을 내리는 유형이다. 이런 유형은 부부가 모두 고소득 전문직일 때 많다. 이 유형은 서로 대화가 잘 이루어지며 안정감과 신뢰감 또한 높다. 하지만 돈과 관련한 어려움이나 문제가 전혀 없다는 뜻은 아니다. 다만 비록 문제가 있더라도 함께 상의하여 결정한다.

부부 머니 타입 3

경제적 독립형

혼자 결정하고 가사 경비는 공동으로 부담한다

경제적 독립형은 자율형이라고도 할 수 있는데, 가장 드문 유형이면서 현재 가장 빠른 속도로 증가하고 있는 유형이기도 하다. 지금까지의 경험으로는 이전에 결혼을 한 적이 있거나 장기간 동거한 적이 있는 사람들에게서 가장 많이 발견할 수 있었다. 그들은 비교적 나이가 많은 편이고 부부가 되기 전에 이미 상당한 개인 재산을 보유하고 있다. 그렇기 때문에 이들은 각자 경제적 결정을 내리며 수입과 지출도 각자 관리한다.

물론 현대사회에서는 높은 이혼율과 복잡한 법적 제도로 부부가 서로 경제적으로 얽매이지 않도록 매우 조심스럽게 행동한다. 하지만 이런 현상이 항상 합리적이고 긍정적으로 작용하는 것은 아니다. 개인의 경제적 안정이 얼마나 중요한지 잘 인식하고 있는 부부는 이런 방식을 아주 잘 수용한다. 그러나 아무리 돈이 많아도 경제적으로 안정감을 느끼는 사람은 그다지 많지 않다. 그리고 상대적으로 수입이 더 적은 파트너는 수입이 더 많은 쪽에서 가사 경비를 더 많이 부담하길 바란다. 그렇기 때문에 이런 유형의 부부관계에서는 신뢰와 친밀성의 문제가 대두될 수밖에 없다.

다음 사례는 전통적 부부 머니 타입에 해당하는 사람들의 이야기이다.

* 남편 주도형인 스탠과 다이앤의 이야기

나는 스탠과 다이앤이라는 부부에게 몇 년간 금융 상담을 해 주었다. 그 후에 내가 머니 코칭을 본격적으로 시작한 후 다시 그들에게 도움을 줄 수 있는 기회가 생겼다. 이런 고객과 일하는 것은 참으로 기분 좋은 일이다. 이들은 서로를 사랑했을 뿐만 아니라 대화도 잘 통하는 커플이었다. 그러던 어느 날 그들은 돈 문제로 인한 갈등 때문에 나를 찾아왔다.

스탠은 저명한 의사이고 다이앤은 세 아이를 키우는 전업주부였다. 스탠은 전사형이었기 때문에 가정의 경제적 안정에 대해 긴장을 늦추지 않았다. 반면에 전형적 순진형인 다이앤은 모든 경제적인 것을 남편에게 의지하고 있었다. 그녀는 결혼 초에 그동안 몸담았던 교직을 그만두고 아이들을 돌보기로 했다. 다이앤은 생기발랄하고 자신감 넘치는 여성이었지만 돈에 관한 한 겁 많은 아이처럼 남편만을 바라보았다.

그날 그녀는 남편과 함께 상담을 받는 동안 울음을 터뜨렸다. 그리고 그녀는 시간이 가도 도저히 감정을 억누르지 못하고 계속해서 울었다. 스탠은 자신들이 현재 살고 있는 집을 담보로 융자를 받는 과정에서 아내인 다이앤이 자신을 속였다는 사실을 최근에야 알게 되었다고 했다. 즉 그녀는 상당한 기간 동안 신용카드로 많은 돈을 써 왔는데 매달 집으로 배달되는 청구서를 남편 모르게 감추어 두었던 것이다. 그렇게 청구서가 쌓여 가면서 제때 갚지 못하는 일이 생겼고 결국 신용도에 영향을 미쳐 융자가 어렵게 되었다는 것이다.

이러한 사실에 스탠은 심한 배신감을 느꼈다. 그리고 다이앤은 자기가 저지른 일로 죄의식과 모욕감에 휩싸였다. 나는 이 같은 부부 문제는 종종 있는 일이라고 말해 주었다. 우선 다이앤의 이야기를 들어보고 어쩌다가 이런 상황에 빠지게 되었는지 한번 알아보자고 스탠에게 제의했다. 나는 그동안의 일을 솔직하게 털어놓게 하는 것이 무엇보다 중요하다고 생각하고 다이앤에게 이렇게 말했다.

"지금 당신이 얼마나 절망적인 기분에 빠져 있을지 충분히 잘 알고 있어요. 하지만 지금 이 시점에서는 무엇 때문에 이런 일이 일어났는지 제대로 얘기해 주는 것이 중요해요. 뭔가 정말 두려운 것이 있었을 거예요. 그렇지 않았다면 그렇게 숨길 필요가 없었겠지요. 자신이 무엇을 두려워하는지 혹시 알고 있나요?"

다이앤은 눈물을 쏟으면서 돈이 없다는 불안 속에서 사는 것이 얼마나 힘든지 이야기했다.

"스탠은 우리 가족을 위해 정말 열심히 일했어요. 그렇지만 우리 집안 형편은 늘 어려웠고 근근이 살아가다시피 했죠. 몇 년 동안 스탠은 한 달 생활비로 항상 같은 액수를 주었어요. 필요한 생활비는 갈수록 더 많아지는데 말이에요. 그래도 나는 잘만 하면 굳이 남편에게 아쉬운 소리를 하지 않고 우리 가정을 잘 꾸려 나갈 수 있을 거라고 믿었어요. 그래서 남편에게 돈을 더 달라는 말을 하지 않았어요. 사실 열심히 일하고 있는 그에게 더는 부담을 주고 싶지 않았거든요. 내가 일이라도 해서 가계에 보탬이 되면 좋겠다는 생각도 해 봤지만 남편이 반대했어요. 그러다 결국 경제적으로 계속 힘이 들어서 신용카드를 사용하게 됐죠. 그래도 조금씩 갚아 나갈 수 있을 줄 알았어요. 그러다 돈이 체납되는 일이 생기자 그만 겁이 나더군요. 그리고 이제는 이렇게 모든 것이 엉망이 되어 버렸어요. 솔직히 내가 잘못했다는 것은 알아요. 그렇지만 이 모든 건 결국 집을 잘 꾸려 가려고 애쓰다가 생긴 일이잖아요."

이 시점에서 나는 좀 혼란스러웠다. 나는 스탠에게 솔직히 경제적 어려움이 있는지 물어보았다. 그는 말했다.

"요즈음 환자 수가 좀 줄긴 했지만 그래도 괜찮아요. 왜냐하면 조금만 절약하면 크게 문제가 되지 않거든요. 사실 그래서 집에 대한 재융자를 신청하려고 했지요."

아내인 다이앤은 분명히 가정 경제가 어렵다고 말했다. 하지만 남편의 이야기는 돈이 크게 부족하지는 않다는 것이다. 스탠은 나름대로 잘 살아왔으며 아름다운 집을 가지고 있었고 여러 금융상품에 투자한 금액도 상당했다. 그래서 나는 다이앤에게 왜 자기 가족이 경제적 곤경에 빠졌다고 생각했는지 물어보았다. 우리는 그 문제에 대해 이야기하는 가운데 문제가 어디에서 생겼는지 발견하게 되었다.

스탠은 아내가 왠지 가정 경제를 '엉망으로 만들까 봐' 두려워서 그녀에게 한 달 생활비만 주고 나머지 돈 문제는 모두 혼자 알아서 처리했다. 다이앤은 개인적인 인생사에서, 특히 어린 시절에 돈과의 관계가 매우 무질서했다. 그래서 스탠은 결과적으로 그녀가 돈에 대해 두려워한다는 점을 알고 있었다. 따라서 그는 돈 문제를 아내와는 거의 상의하지 않았다. 그리고 스스로 그냥 알아서 처리했던 것이다. 가끔 그는 지나가는 말로 병원의 환자 수가 줄었다든지 경기가 안 좋다는 이야기를 하곤 했다. 그런데 그와 같은 남편의 말을 아내는 경제적으로 문제가 있다는 뜻으로 받아들였던 것이다. 스탠은 진정한 전사형답게 부인을 돈 문제로부터 온 힘을 다해 지나칠 정도로 보호하고자 했다. 그 때문에 다이앤은 자기들에게 돈이 있는지 없는지조차 전혀 몰랐던 것이다.

그녀는 돈에 대한 두려움이 있었기에 자신들이 정말 경제적 위기에 봉착했다고 확신했다. 그리고 그녀는 남편이 주는 생활비가 부족하다는 사실을 남편에게 말하지 않기로 했다. 왜냐하면 이미 그녀는 남편이 너무 열심히 일하고 있다는 사실을 알고 있었기 때문이었다. 그래서 그녀는 자신의 지출 상황과 요금청구서를 숨겼다. 그러는 사이에 문제가 손을 쓸 수 없을 정도로 커져 버렸다. 스탠은 남편이라기보다는 오히려 부모처럼 행동했다고 할 수 있다. 나중에 알고 보니 스탠의 아버지도 집안에서 똑같은 방식으로 돈을 관리했다.

스탠은 경제적인 문제를 아내와 의논하거나 함께 걱정하지 않음으로써 그녀를 소외시켰다. 그 결과 아내는 경제적으로 성장할 기회를 빼앗겼을 뿐만 아니라 그녀의 두려움은 더욱 증폭될 수밖에 없었다. 나는 부부에게 서로의 욕구와 두려움을 올바로 이해하라고 조언했다. 아울러 보다 건강한 돈 관리 체계를 수립할 수 있게 도왔다. 스탠은 다이앤에게 실제로 필요한 생활비보다 더 많은 돈을 주기로 동의했다. 그리고 그는 아내가 돈이 필요할 때마다 일일이 남편에게 돈을 타 쓰는 것이 불편하였기에 아예 개인계좌를 만들 수 있도록 그녀에게 돈을 별도로 주기로 했다.

나는 남편이든 아내든 상대방에게 돈을 달라고 요청해야 하는 것은 건강하지 못한 것이라고 강력하게 믿고 있다. 그러한 방식은 개인의 자기존중감을 해치고 부부관계에도 나쁜 영향을 미친다. 스탠은 자신이 이 문제에 어느 정도 기여했는지 완전히 열린 마음으로 생각해 보았다. 그리고 부인이 다른 면에서 보여 주는 강인한 정신력을 돈 문제에서도 잘 발휘할 수 있기를 정말로 원했다. 지금까지 스탠은 다이앤을 진정 사랑했지만 그녀가 돈에 접근하는 것을 은근히 막아 왔던 것이다. 그로서는 아내가 돈을 잘못 관리할까 봐 두려웠다. 그리고 돈과 관련해 아내와 제대로 의논하거나 이야기도 하지 않았다. 그런 상황에서 그녀는 혼자서 잘못된 판단을 내리게 되었고 결국 두 사람 모두 손해를 보았다.

스탠과 다이앤은 경제문제에 관해 조언을 해 주고 도움을 줄 수 있는 외부 컨설턴트를 한 명 고용하여 집안 경제를 관리하고 경제 관련 서류 정리와 처리, 그리고 3개월에 한 번씩 재무 관련 일을 업데이트하고 유지하는 일을 맡기기로 했다. 남편은 마음이 훨씬 편안해졌고 아내를 보다 큰 사랑으로 이해하게 되었다. 그리고 아내가 왜 그렇게 불안해했고 그의 지배 욕구가 아내에게 어떻게 불안감을 심어 주었는지 인식하게 되었다. 이제 두 사람은 서로 상대방의 머니 타입을 충분히 이해하면서 동시에 서로의 머니 타입을 숨기지 않고 솔직하게 드러내고 존중함으로써 더이상 돈 문제가 갈등이나 위기가 되지 않도록 처신했다. 사실 이들은 각자 돈 문제를 안고 결혼했으며 결혼 생활을 하면서도 서로의 문제를 무의식적으로 반복하거나 서로에게 솔직하지 못하여 위기를 맞았던 것이다. 그러나 다행스럽게도 부부가 지금까지 겪었던 위기는 오히려 전화위복이 되었다. 궁극적으로 이들은 서로를 더 깊이 사랑하고 이해하게 되었다.

머니 코칭이 이렇게 잘 진행되고 풀려 나간다면 진실로 보람을 느낄 만하다. 나는 지금까지 부부가 서로 돈을 지배 수단으로 삼고 그에 따라 처신하는 것을 너무 많이 보아 왔다. 불행히도 상대방을 지배하려는 욕구는 상대방을 위축시키며 사람 사이의 사랑과 신뢰를 갉아먹는다. 그러나 만약 우리가 돈 문제를 사랑과 신뢰로 접근한다면 풍요의 흐름을 더욱 발전시킬 뿐 아니라 그것을 자신의 방향으로 끌어당길 수 있다.

부부를 위한 머니 코칭

당신은 다음 실습을 통해 부모님의 돈과의 관계가 어떻게 당신의 삶과 인간관계에 반영되었는지 이해하게 될 것이다. 나의 고객들은 많은 경우 이 실습을 통해 자신의 머니 타입의 근원이 어린 시절의 기억이나 체험에 바탕한다는 것을 알게 되었다.

남편과 아내가 각자 대답해야 할 질문 사항

❶ 당신의 부모님은 어떻게 돈을 다루었는가? 부모님은 돈에 대하여 개방적이었는가, 아니면 폐쇄적이었는가?

❷ 당신은 돈이 풍족한 환경에서 성장했는가, 아니면 그 반대였는가?

❸ 돈과 관련해 어머니를 가장 잘 설명할 수 있는 머니 타입은 어떤 것인가? 아버지의 경우는 어떠한가?

❹ 돈은 부모님의 갈등의 주된 원인에 해당했는가?

❺ 당신 생각에 부모님은 돈에 대해 걱정이나 두려움을 가졌던 것 같은가?

❻ 당신 스스로 돈에 대해 걱정했거나 두려웠던 기억이 있는가?

❼ 당신은 부모님이나 가까운 친척들이 돈과 관련해 주로 사용했던 말이나 표현을 기억하는가?

일단 부부 두 사람이 각자 자기 답을 작성했으면 그 답을 서로 공유해 보라. 즉 각자의 답을 한 사람씩 번갈아 가면서 배우자에게 큰 소리로 서로 읽어 주면 된다. 각 배우자는 상대가 자신의 답을 읽는 동안에 그(녀)가 보이는 감정, 또는 정서적 반응에 주의를 집중하고 귀를 기울여 보라. 이것은 각자 자신의 답을 읽는 동안에 진심을 드러내기 때문에 아주 의미 있는 과정이다. 그리고 그렇게 하는 동안에 자신의 배우자에 대해 완전히 새로운, 그리고 상처 입기 쉬운 면모를 알 수 있다. 당신이 만약 배우자에게서 고통이나 감정을 읽는다면 바로 그(녀)가 자신을 치유하는 데 당신의 사랑과 애정이 더 필요하다는 점을 보여 주는 것이다. 당신이 배우자에게 그러한 사랑을 기꺼이 주는 만큼 당신의 관계는 더욱 강력하게 성장할 것이다. 당신이 부부 생활에서 어떠한 돈과 관련한 문제를 경험했다고 할지라도 당신이 빛과 사랑의 마음을 지니고 살아간다면 어떠한 돈 문제도 극복할 수 있을 것이다.

부부로서 함께 대답해야 할 질문 사항

이제 당신은 앞에서 개인 차원으로 답을 하고 그 답을 부부간에 서로 공유했을 것이다. 그렇다면 이번에는 서로 마주 앉아서 다음 질문에 부부가 함께 대답해 보라.

① 당신은 부부로서 돈을 어떻게 다루는가?

② 돈과 관련한 당신의 부부관계 유형은 전통적 패턴, 현대적 패턴, 독립적 패턴 중 어디에 해당하는가?

③ 당신은 자신의 그러한 패턴에 만족하는가?

④ 만족하지 못한다면 어떤 패턴을 선호하며 그 이유는 무엇인가?

⑤ 당신의 부부관계에서 돈은 자주 갈등의 원인이 되는가?

⑥ 당신은 당신의 남편, 또는 부인이 자주 돈 때문에 걱정하거나 두려워한다고 생각하는가?

❼ 당신 부부가 돈에 관해 자주 쓰는 말이나 표현은 무엇인가?

❽ 위의 말이나 표현은 부모님이나 가까운 친척들이 사용하던 것인가?

❾ 만약 당신 부부에게 자녀가 있다면 그들은 당신의 돈과의 관계에 대한 이런 질문들에 대해 자녀로서 어떻게 답할 것 같은가?

❿ 이제 당신이 자녀라고 가정하고 말해 보라. 당신은 자녀가 돈에 관해서 어떻게 믿고 어떻게 느끼기를 바라는가? 이에 대해 서로 말하고 자녀에게도 말해 보라.

우리는 서로에게, 자녀에게, 그리고 이 세상 사람들에게 돈에 대한 진실을 말할 수 있어야 한다. 다시 말해 우리는 자신의 삶에서 돈을 위한 새로운 기초를 세워야만 한다. 아이들이 성장해 감에 따라 우리는 아이들에게 돈에 대한 건강한 의식을 심어 주어야 한다. 이제는 돈을 어두운 다락방에서 꺼내 전혀 새로운 방식으로, 응당한 자격을 부여하여 우리의 삶 안으로, 집안으로, 마음속으로 들여올 때이다. 왜냐하면 우리가 빛을 선택했을 때 어둠은 들어올 여지가 없고, 설령 들어온다 하더라도 두려워할 이유가 조금도 없기 때문이다. 그 어둠을 밝힐 수 있는 힘이 바로 우리에게 있는 것이다.

Money
Therapy

Part 07

1

풍요에 이르는 길

나만의
머니 게임 방법을
찾아라

"민첩하게 일어나서 남과는 다른
당신의 길을 가라."

루미

돈으로 살 수 없는
진정한 충족감

돈과의 관계에 영향을 미치는 무의식적 성향은 아주 어릴 때부터 시작
된다. 어린 시절은 물질세계에서 느낄 수 있는 충족감을 처음으로 맛보
기 시작하고 돈에 대한 무의식적 패러다임이 형성되는 시기이다. 이는
성인이 된 후에도 두고두고 영향을 미친다. 어린아이들이 초등학교에 입
학할 때쯤이면 필요와 욕구를 충족시키는 데 돈이 중요한 원천이라는 사
실을 깨닫게 된다. 물론 부모를 비롯한 어른들이 이 믿음을 강화시키는
데 결정적인 역할을 한다는 점은 두말할 나위가 없다. 왜냐하면 그들은
자식에 대한 사랑과 애정을 증명하기 위해 끊임없이 물질이나 돈을 제공
하기 때문이다. 그런데 생일과 명절을 한 번씩 겪고 나이를 먹어 감에 따
라 이이들의 기대지는 점점 높아진다. 그리고 어른들은 그 욕구를 충족

시키기가 점점 어려워진다. 하지만 이런 과정에서 아이들은 당연히 충족이라는 개념을 돈으로 살 수 있는 외적이고 물질적인 현실이라 믿으며 자란다.

길을 잃은 사람들

현대사회에서는 돈과 충족을 너무 혼돈한 나머지 '충족'이라는 단어의 의미가 무색해질 정도이다. 사실 충족은 오직 내적으로만, 또는 주관적으로만 경험할 수 있다. 그것은 외부에서 얻을 수도 없고, 돈으로 살 수도 없다. 그것은 물건으로 가득 채울 수 있는 어떤 장소도 아니다. 충족은 완성이며 자아를 이루는 것이다. 또 그것은 목적이라기보다 과정이다. 게다가 자신 외에 다른 누군가가 줄 수도 없으며, 다만 자신의 내부에서 자연스럽게 흘러나오는 것이다.

진정한 충족을 맛보는 길은 우리 내면과 영혼 깊은 곳에 있다. 우리는 성실하게 자기의 길을 가면서 삶의 소명을 깨달을 때 그 길로 들어설 수 있다. 불행히도 우리는 자신의 영혼으로부터 분리되거나 제대로 접속되지 않은 상태에서 살아가기 때문에 길을 제대로 찾지 못할 뿐만 아니라 그 길을 더 이상 찾으려 하지 않는다. 심지어 우리에게 영혼이 있다는 사실을 믿지 않는 사람도 많다.

오늘날 대부분의 사람들은 개인적으로나 영적으로 충만함을 줄 수 있는 것이 무엇인지에 대해 교육을 제대로 받지 못했다. 이것은 아주 불행한 현실이다. 왜냐하면 자신의 진정한 모습이 무엇인지, 그리고 자신이 어떤 재능을 타고났는지를 인식하고 수용하려면 우리를 제대로 이끌어 주고 격려해 줄 사람이 필요하기 때문이다. 자신의 고유성을 인식하는 것은 진정 강력한 체험이다. 그러한 사실을 모르기 때문에 우리 내부에는 텅 빈 공간이 생겨나고 사람들은 자신의 그 빈 공간을 다른 방식으로 메워 보려 노력하곤 한다.

우리가 어렸을 때는 영혼에 대한 우리의 기억이 살아 있었다. 어릴 때는 우리의 신성과 영성에 너무 가까이 노출되어 있어서 내적인 빛을 아주 쉽고 즐겁게 경험할 수 있었다. 비록 키는 작았지만 스스로 큰 재능과 무한한 가능성을 가지고 있었다. 그러므로 성인이 된 우리는 아이들이 영성과 관련한 그들의 기억이 강하게 살아 있을 때 그들이 자신의 재능을 찾을 수 있게 격려해야 한다.

아이들은 물질세계에 몸담은 시간이 어른들보다 훨씬 짧아서 영적 자아에 좀 더 가까이 있다. 그래서 아이들은 진리를 잘 드러낸다고 할 수 있다. 아이들은 진리에서 비롯된 존재이며, 그들의 실재는 오직 진리밖에 없다. 노는 데 열중한 아이를 보고 있노라면 너무나 자연스럽게 자신을 드러내는 모습을 목격할 수 있다.

하지만 어느 날 갑자기 아이는 순수성을 잃고 어른들에게 진리로부터 멀어지는 법을 배우면서 영성이 그 빛을 잃게 된다.

그러나 영혼은 영원한 것이며 우리의 진정한 자아, 진정한 삶, 진정한 길을 찾게 해 준다. 그리고 영혼은 우리가 진리 속에서 삶의 목적을 따라 살아갈 때 진정한 충족을 맛본다고 할 수 있다.

우리가 어렸을 때는 우리 자신을 다른 사람들과 분리해서 생각하지 않았다. 즉 우리는 주변의 모든 것에 접속되어 있고 연결되어 있었다. 그 짧은 유년기 동안 우리는 진정한 자유를 체험했다.

그리고 이러한 자유에는 돈이 필요하지 않았다. 우리가 성장하면서 주변의 부모, 가족, 친구와 같은 사람들에 의해 관계가 규정됨으로써 점차 우리에게 자아감이 생기게 된다. 그래서 주변 사람들이 아이인 우리에 대해 어떤 말을 해 주느냐에 따라 우리는 어떤 존재이거나 어떤 존재가 아니게 되었다. 그래서 우리는 '진정한 나 자신'이 누구인지 모른 채 그냥 '착한', '못된', '말 잘 듣는', '똑똑한' 아이로 존재해 왔을 뿐이다.

우리는 어른이 되어서도 언어가 사람의 심리나 자기 존중감에 얼마나 강력한 영향을 미치는지 여전히 잘 인식하지 못하고 있다. 이와 같은 의식 부족은 특히 아이들에게 해롭다. 아주 어릴 때 말로 받은 심리적 상처는 어른이 되어서도 쉽게 치유되지 않기 때문이다. 어릴 때부터 받은 상처로 인해 성장 과정에서 정신이니 영혼이니 하는 것들은 삶의 뒷전으로 물러나게 되어 버렸다.

진리의 중심이 되어야 할 우리의 영혼은 다른 사람들이 말한 진리나 진실이 아닌 것에 상처받기 쉽고, 상처받은 뒤에는 더 깊고 안전한 곳으로 숨어 버린다. 그렇게 소외가 시작되고 이러한 과정을 거치면서 자신의 참된 길을 찾지 못하게 되는 것이다.

성인이 되어서도 내면 깊은 곳에 있는 진실에 접근할 수 있는 사람은 별로 없다. 그저 남들이 우리에게 바라는 모습이 되어 있을 뿐이다. 남들처럼 좋은 곳에 취직하여 경력을 쌓는 일, 결혼하고 자식을 낳는 일 등은 모두 우리의 삶에서 함께했던 많은 사람들과 무의식적으로 합의하여 이루어진다.

그런데 이렇게 살아가는 방식이 어떤 사람들에게는 잘 맞지만 만족하지 못하고 그 이상의 것을 갈망하는 사람들도 많다.

자신의 길을
찾아서

우리가 자신의 길을 찾아가는 동안에 불안정을 경험하면서 우리 속에 있던 잠자는 영혼이 깨어나게 된다. 그리고 나 자신이 진정으로 어떤 사람인지 알고 싶다는 욕구와 함께 가슴 깊은 곳에서 작지만 힘찬 목소리를 듣게 된다.

"잠깐만! 이건 내가 원하던 삶이 아니야. 이건 진정한 내가 아니라고. 내가 어쩌다 여기로 왔지? 어떻게 하면 빠져나갈 수 있을까?"

우리는 주변을 둘러보고 자신이 살아온 삶을 생각하게 된다. 그리고 스스로 자신에 대해 의문을 던지면서 스스로가 덫에 빠져 버린 느낌을 갖는다. 어느 시점에서 우리는 자신이 구입한 인생의 열차표가 더 이상 자신이 원하는 노선이 아니라는 사실과 그 표는 결코 환불 받을 수 없다는 사실을 깨닫게 된다.

나는 과거에 전사형이었다. 남이 부과하는 한계에 늘 맞서 싸웠으며 동시에 나른 사람이 길을 찾도록 노와야 한다는 강박관념도 느끼곤 했다. 나는 어린 시절부터 나만의 운명이 있다고 굳게 믿었다. 그러나 그것이 도대체 무엇인지는 전혀 알 수 없었다. 한 가지 확실한 점은 나에게는 그 사람의 진실을 꿰뚫어 보는 직관과 재능이 있었다는 사실이다. 머니 코칭을 하는 과정에서 나의 이러한 재능이 능력을 발휘하여 다른 사람들이 진정한 자신의 길을 가고 있는지 아닌지 쉽게 알아볼 수 있었다. 심지어 그 사람이 자신의 길을 가기 위해 극복해야 할 장애까지도 볼 수 있었다. 그렇지만 이런 것을 고객들에게 직접적으로 말해 주지는 않았다. 다만 그들이 스스로 자신의 길을 찾을 수 있도록 도와주었을 뿐이다.

모든 사람이 서로 진정한 모습을 있는 그대로 보고 가치를 인정해 줄 수 있고 인정받을 수 있다는 것은 축복과도 같다. 우리는 스스로 우리 자신 안에 있는 그러한 위대한 진리를 발견하기 전에 그러한 진리를 발견해 줄 수 있는 다른 사람들이 필요하다. 물론 우리 인생의 길과 삶의 목적을 찾는 일은 평생이 걸린 길고 긴 여정이다. 어떤 사람들은 복이 있어서 일찍 발견한다. 하지만 대부분의 사람들은 자신의 길을 찾아가는 도중에 방황하며 때로는 넘어지고 길을 잃어버리기도 한다. 하지만 그래도 괜찮다. 중요한 것은 계속해서 노력해야 한다는 것이다. 우리는 쉬지 않고 빛이 있는 곳으로 나아가야 한다. 그 빛이 보일 때까지 말이다. 13세기의 위대한 수피 시인이며 철학자였던 루미는 이렇게 말했다.

"당신이 이 세상에서 잊어서는 안 되는 것이 한 가지 있다. 다른 모든 것을 잊어버린다 해도 이것만 잊지 않는다면 걱정할 것이 아무것도 없다. 반대로 다른 모든 것을 기억하더라도 이것을 잊는다면 당신은 인생에서 아무것도 한 것이 없는 꼴이 된다. 만약 왕이 당신에게 특별한 임무를 부여하여 다른 나라로 파견했는데 당신이 다른 일을 백 가지나 했지만 정작 왕이 시킨 일은 하지 않았다면 어떻게 되겠는가? 이와 마찬가지로 인간은 어떤 특정한 일을 하기 위해서 이 세상에 온다. 즉 각자에게는 자신이 해야 할 삶의 목적을 가지며, 그 목적은 그 사람에게만 해당하는 것이다."

물론 진리는 영원한 것이지만 만약 다른 것을 찾느라 바쁠 때는 그 진리를 만나기가 쉽지 않다. 당신은 자신의 길을 찾으려 하는가? 그렇다면 그 길이 돈이라는 옷을 입고 있다는 기대를 하지 않는다면 찾기가 훨씬 쉬울 것이다. 나는 때때로 고객들에게 어떻게 해서 자신의 길에서 벗어났는지 물어본다. 그들은 대답했다.

"그 길에서는 돈을 벌 수 없었어요."

"달리 어떻게 할 수가 없었어요."

하지만 내가 알고 있는 유일한 진리는 다음과 같다.

"당신은 변화하지 않으면 안 된다. 변화하지 않아서 치러야 할 대가는 당신이 알고 있는 것보다 훨씬 비싸다. 당신에게 주어지는 선물을 그렇게 거부하다 보면 언젠가는 더 이상의 선물을 얻지 못하게 될 것이기 때문이다."

사람들은 자신의 인생을 바꾸고 싶어서 나를 찾아온다. 스스로 길을 잃었다고 느끼며 새로운 길을 찾고 싶어 하지만 도대체 어디로 어떻게 가야 할지 제대로 확신이 서지 않는 것이다. 그리고 자신이 과거에 선택했던 것이 결국은 덫이라는 느낌을 자주 받는다. 그러면서 대체로 자유를 향하여 가는 입장권이 돈이라고 생각한다. 돈만 충분히 있다면 얼마든지 변화할 수 있다고 믿는 것이다. 돈이 모든 문제를 해결해 줄 것이라 생각하며 돈이 현재의 불만족스러운 삶에서 자신을 구원하고 자신이 원하는 삶으로 이끌어 줄 것이라고 믿는다. 그렇기 때문에 돈이 자기가 가진 모든 문제의 해결사이며 마술지팡이라고 믿는다. 그리고 그 돈이 바로 자신의 기도에 대한 응답이라고 생각한다.

우리는 삶의 여정에서 자신의 내적인 영성으로부터 분리되는 경험이 많아지면서 결국에는 우리 내면에 존재하는 힘에 접근하는 방법조차 잊어버리게 되었다. 그래서 우리 안에서 반짝이는 빛을 보지 못하는 맹인이 되어 버린 것이다. 우리가 외적인 것이나 물질적인 것만 신뢰하고 믿을수록 오히려 우리 내면세계는 더욱 어두워지고 스스로에게 낯선 곳이 되어 버린다. 끊임없이 우리 관심을 촉구하면서 우리 길로 다시 가도록 이끌고자 하는 영혼의 꾸준한 목소리가 없다면 우리는 결코 우리 자신의 길을 찾지 못할 것이다.

우리는 누구나 내적인 나침반을 지니고 있지만 그것을 사용하는 방법을 잊어버렸다. 영혼은 결코 "이리 와요. 돈으로 가는 길을 안내해 줄게요."라고 말하지 않는다. 대신에 "이리 와요. 길을 안내해 줄게요."라고 말해 줄 뿐이다. 그러므로 이제 돈을 잊어버려라! 돈은 때가 되면 나타날 것이다. 우리가 할 일은 내 영혼의 소리를 듣고 그 소리가 이끄는 길을 따라가는 것이다.

풍요와 부유

우리가 자신의 길을 제대로 가고 있을 때 풍요와 부유를 보다 쉽게 경험하게 된다. 그러나 여기서 말하는 풍요(abundance)와 부유(prosperity)는 동일한 것이 아니므로 그 차이를 알아볼 필요가 있다. 풍요는 우리가 경험하는 가장 자연스러운 상태이다. 풍요롭다는 것은 많이 가지는 것, 또는 충분한 것 이상으로 가지는 것을 말한다. 그러나 '충분'의 개념은 사람들에게 딜레마를 일으킬 수 있다. 왜냐하면 풍요는 아주 주관적이어서 어떤 사람은 충분하다고 생각하는 것을 다른 사람은 쥐꼬리만 한 것으로 생각할 수도 있다.

반면에 부유는 상대적으로 정의하기가 쉽다. 부유하다는 것은 '성공했다거나 운이 좋다'는 것을 의미한다. 사람들은 부유해지려면 운이 있어야 한다고 믿는다. 그 결과 수많은 사람이 풍요롭게 살면서도 그러한 사실을 인식하지 못한다. 왜냐하면 그들은 진정으로 풍요가 아니라 부유를 가져다줄 행운을 추구하기 때문이다.

부유는 그것을 찾아다니거나 기다리는 사람에겐 오지 않는다. 부유는 일하느라 몰두하여 정신없이 바쁜 사람들에게 찾아온다. 만약 우리가 실제로 하고 있는 일이 자신의 길과 연결되어 있다면 우리는 성공과 부유의 행운을 경험할 것이다. 왜냐하면 우리는 충족으로부터 오는 기쁨을 알게 될 것이기 때문이다. 당신의 머니 일지에 다음 질문에 대한 답을 적어 보면 당신 삶에서 풍요와 부유가 어떤 것이며, 그것이 어떻게 다른지 구별할 수 있을 것이다.

1. 당신은 자신의 삶에서 풍요를 느끼는가?

2. 풍요를 느끼지 못한다면 무엇이 빠졌다고 생각하는가?

3. 당신은 스스로 부유하다고 생각하는가?

4. 당신은 부유가 어떤 것과 같다고 생각하는가?

5. 무엇이 당신으로 하여금 충족감을 느끼게 하는가?

6. 당신이 내적으로 불충족감을 느끼는 것은 무엇인가?

7. 당신은 자신의 삶에서 불충족한 영역을 바꾸기 위해 오늘 무엇을 할 생각이 있는가?

충족으로 이르는
당신의 길 찾기

현재 익숙한 것이 마음에 들지 않는다고 해서 그것과 결별하여 미지의 세계로 방향을 전환하는 것은 쉬운 일이 아니다. 미지의 세계로 가는 데에는 두려움이 따르기 때문이다. 우리는 바로 그 두려움 때문에 진정한 자신의 길을 가는 경이로움과 즐거움을 제대로 맛보지 못하고 있다. 나는 거의 매일 미지의 길로 들어서지 못하는 두려움으로 가득 찬 사람들을 만난다. 그러나 우리 모두가 이미 자신의 길에 들어섰다는 사실을 알고 용기를 갖기 바란다. 이 세상에는 무수한 사람들이 있지만 어느 누구도 우연히 태어나지 않았다. 우리의 존재 자체는 이미 기적이다. 신은 결코 실수하지 않는다. 이 세상의 모든 사람과 사물에는 나름대로 목적이 있다.

우리는 모두 남에게 줄 수 있는 자신만의 독특한 재능을 갖고 있다. 그것은 어느 누구도 대신해 줄 수 없다. 우리가 만약 우리 자신 안에서 그러한 것을 발견하거나 드러낼 수 있을 때 우리는 정말로 빛나기 시작할 것이다. 우리는 때때로 자신이 누구인지, 자신의 길이 무엇인지 찾는 과정에서 길을 잃기도 한다. 그것은 우리가 그 길이 직업과 관련되어야 한다는 잘못된 믿음을 갖고 있기 때문이다. 우리가 돈을 벌기 위해 하는 일이 반드시 우리 자신의 본질을 반영하는 것은 아니다. 자신이 가야 하는 인생의 길과 생계의 길이 서로 연결되고 일치되는 사람은 복이 많은 사람이다. 그러나 나는 누구나 그렇게 될 수 있다고 진심으로 믿는다. 물론 그것이 쉽게 오는 것은 아니며 당신이 기대하고 있을지 모를 어떤 화려한 포장을 하고 오는 것도 아니다. 그것은 큰 희생과 함께 온다. 그리고 때로는 그 길로 여행을 떠나기 위해 너무 많이 기다리다 보면 제대로 여행을 떠나지 못하기도 하고, 이미 기회가 날아가 버렸다는 사실을 뒤늦게 알게 되기도 한다.

또 다른
경고의 메시지

때때로 삶에서 모든 것이 안정되었다고 스스로 안심하는 순간에 또다시 경고의 종소리가 울리는 경우가 있다. 나에게 그런 일이 있었다. 나는 스스로 새로운 삶에 정착했다고 생각하고 있었다. 어느 날 어디선가 경고의 신호를 접하게 되었는데 바로 그때 나 자신이 여전히 아무것에도 정착하지 못했음을 깨닫게 되었다. 그 경고 신호는 어느 날 아침에 내가 받은 전화였으며 그 내용은 절친한 친구인 바바라가 죽었다는 것이었다. 나는 그녀가 그동안 몸이 아팠다는 사실을 알고 있었지만 아직은 그녀를 떠나보낼 준비가 되어 있지 않은 상태였다. 친구에게 잘 가라는 작별 인사도 못했는데 그녀는 가 버렸다. 나에게 바바라는 최상의 친구이자 더할 나위 없는 이상적인 친구였다. 그녀의 삶은 내 인생에 깊은 영향을 미쳤기에 그녀의 죽음 또한 내 삶을 엄청날 정도로 크게 바꾸어 놓았다.

바바라가 죽기 2년 전에 나는 그녀가 하는 사업이 그녀를 죽이고 있으니 자신의 삶을 좀 바꿀 필요가 있다고 말해 주었다. 실제로 그녀는 스트레스와 피로로 지쳐 있었으며 기력 또한 점차 쇠퇴해 가고 있었다. 내 말에 그녀는 울음을 터뜨리며 자신이 꼭 덫에 걸린 사람 같다며 두렵다고 말했다. 그녀는 경제적 두려움으로 몸이 마비될 정도였는데 만약 사업을 접어 버리면 어떻게 살아남을 수 있을지 모르겠다고 했다. 나는 그녀에게 자신을 믿고 모든 것이 잘될 것이라는 신념을 가지라고 말해 주었다. 바바라는 한 단계를 넘어서 다음 단계로 넘어가야 할 상황에 있었다. 나는 그녀에게 이렇게 말했다.

"하느님이 변화하려는 네 결심을 지지해 주실 거야. 그러나 너는 우선 네 스스로 첫발을 내디딜 용기와 믿음을 가져야 해. 머뭇거리는 것은 아무 도움이 되지 않아."

우리는 함께 그녀의 삶을 바꿀 방법을 찾아보았다. 결국 그녀는 자기의 사업체와 집을 팔겠다고 내놓았다. 그녀는 여전히 두려움에 사로잡혀 있었고 어떤 미래가 그녀를 기다리고 있는지 알 수 없었지만 최소한 예전의 삶을 지속할 수 없다는 사실을 잘 알고 있었다. 그리고 그녀는 익숙해진 삶의 양식과 사업을 과감히 처분하고 새로운 삶으로 전환할 때가 왔다는 사실을 깨닫고 있었다.

불행히도 바바라가 자신을 경제적 멍에로부터 해방시키는 데는 거의 2년이 걸렸다. 하지만 바로 그 직후 그녀는 백혈병이라는 진단을 받았다. 그녀가 죽기 전 몇 개월 동안 내 건강 상태도 너무 좋지 않았다. 오랫동안 스트레스와 피로가 누적되어 녹초가 되어 가고 있었다. 나는 스스로 이길 수 없는 전투를 하고 있다는 사실을 알았다. 친구 바바라에게서 보았던 동일한 경고 신호를 나 자신에게서도 볼 수 있었다. 나도 변화가 필요하다는 사실을 오랫동안 생각하고 있었다. 나는 글을 써야 할 필요가 있다고 깨달았다. 그리고 우리에게는 자신의 길을 가고 우리의 소명을 위해 일할 수 있는 기회가 아주 많다는 점도 알고 있었다.

바바라가 죽은 후, 나는 그녀의 영혼을 느낄 수 있었다. 그녀는 나의 메신저였다. 나는 나의 인생 경로를 바꾸기 위해 나의 삶과 지금까지 해오던 비즈니스에서 벗어나야 했다. 지금까지 진정으로 원하는 삶을 너무도 오랫동안 미루어 왔던 셈이다.

어느 날 아침 나는 잠에서 깨자마자 스스로에게 이렇게 말했다.

"난 이제 사업체를 팔고 글을 쓰겠어. 나는 사람들이 자신의 꿈을 실현하는 삶을 살도록 도왔어. 이제는 진정으로 나 자신을 위해 내 꿈을 실현하도록 도울 차례야."

이제 그동안 내가 해 온 말을 실제 행동으로 옮기는 삶을 살아야 할 내가 온 것이다. 그렇다고 지금까지 내가 해 왔던 재정자문가의 일이 싫어졌다는 뜻은 아니다. 나는 나의 일을 아주 잘했고 즐겼다. 그러나 내가 하는 일에는 좀 더 깊은 목적이 있다는 사실을 알았다. 그러나 나는 돈이 좀 더 모일 때까지, 시간이 좀 더 날 때까지, 딸이 좀 더 자랄 때까지 기다리고 있었던 것이다. 하지만 그 모든 것은 신념이 부족한 데서 온 핑계였다. 나는 이제 더 이상 머뭇거리지 말고 신념의 도약을 해야 할 때라고 직감했다. 이제 더 이상 새로운 선택을 미룰 수가 없었던 것이다.

그로부터 정확히 한 달 후에 사업체를 팔았고 이 책을 집필하기 시작했다. 나는 나의 신념에 온전히 나를 맡겼고, 다행히 그 믿음은 나에게 충분한 보답을 해 주었다. 이후 몇 달 동안 내 인생의 모든 문이 열렸으며 나의 삶은 기적으로 가득 차게 되었다. 내가 한 모든 기도가 응답되고 실현되었다. 실제로 원하던 것보다 더 많은 결실을 얻을 수 있었다. 친구들뿐만이 아니라 낯선 이들조차 나를 이끌어 주고 나에게 도움의 손길을 내밀었다. 나도 모르는 사이에 에이전트도 생겼다. 일을 추진하기 위해 필요했던 돈이 그 어느 때보다 쉽게 수중에 들어왔다. 그리고 1년도 되지 않은 시점에 나는 출판계약서에 서명을 했다. 내가 원하고 그리던 출판업자가 내 원고의 출판권을 산 것이다. 그것이 나의 첫 저서인데, 책의 제목은 『온라인 투자, 지금 시작하라(Start Investing Online Today)』였다. 그 직후에 내가 이 책을 출판해 줄 것으로 상상했던 출판사가 이 책의 원고를 샀으며, 그 결과 나의 두 번째 책인 이 책이 탄생할 수 있었다. 꿈이 현실이 된 것이다.

세상에 우연이란 것은 없다. 당신이 진정으로 자신의 길을 가고 있을 때 우주는 상황이 마치 기적처럼 상호 협조하여 당신을 돕는다. 많은 사람이 나의 이야기는 단지 예외일 뿐 모든 이에게 동일하게 적용되는 규칙은 아니라고 말한다. 그러나 나는 다른 시각으로 사물을 보고자 한다. 기적은 우리 주변에서 끊임없이 일어나고 있다. 기적은 단지 우리 것이 되어 주기 위해 바로 우리 곁에서 기다리지 않는다. 우리가 해야 할 일은 다만 믿음을 가지고 모든 것을 맡기면서 그 안으로 걸어 들어가는 것이다.

자신이 가진 참된 재능을 자유롭게 표현할 수 있을 때 당신은 자신의 영혼과 직접 접속하게 된다. 그때 당신은 자신의 꿈을 실현할 열쇠를 쥐게 될 것이다. 바로 그때 당신 앞에는 진정으로 무한한 가능성이 펼쳐지게 된다.

진정한 당신의 길

당신의 진정한 길이 어디에 있는지 알아보기 위해 다음 질문에 대한 답을
머니 일지에 기록해 보라.

❶ 당신은 지금 진정한 당신의 길에 있다고 느끼는가?

❷ 그렇지 않다면 그 길이 어떤 길인지 아는가?

❸ 당신에게는 어떤 타고난 재능이나 특별한 재주가 있는가?

❹ 당신에게 즐거움을 주는 것은 무엇인가?

❺ 당신이라는 사람의 어떤 면이 다른 이에게 가장 큰 즐거움을 주는가?

⑥ 당신이 늘 하고 싶었던 일이 있는가?

⑦ 그것은 어떤 것인가?

⑧ 당신은 왜 그것을 하지 않는가?

위의 질문들에 대한 답이 끝났으면 시간을 갖고 내적 성찰을 하면서 내면에서 어떤 감정이 일어나는지 느껴 보라. 이 실습을 하면서 당신은 무엇을 느끼게 되었는가? 고통, 상실감, 회한을 경험했는가? 그런 감정이 있었다면 그것을 인정하고 그 감정을 치유하고 처리하는 것이 중요하다. 감정과 느낌의 여운이 당신에게 여전히 남아 있을 때 그러한 경험을 머니 일지에 적으라. 이러한 과정은 마음에 여전히 남아 있는 고통의 문제를 해방시키고 치유해 주며 풍요와 부유가 당신의 삶 안으로 들어올 수 있도록 길을 열어 줄 것이다.

Money
Therapy

Part 08

ㄱ

신앙과 믿음

믿음을 가지면
돈이 흐른다

"신앙은 눈에 보이는 것을
보이지 않는 무대 위에
받쳐 주는 교각 없는 다리이다."

에밀리 디킨슨

경제적 행복의 최우선 과제는
삶에 대한 믿음이다

경제적 차원의 웰빙에서 가장 본질적인 것은 바로 믿음이다. 믿음이 없는 사람들은 보이지 않는 내면의 더 큰 실재를 실현하는 데 필요한 자신감과 신뢰를 가질 수 없다. 어떤 이들은 그러한 믿음을 타고나기도 한다. 그들은 믿음이 심장박동만큼이나 중요하며 자신의 일부이다.

그렇게 믿음을 타고난 사람들은 믿음에 대해 거의 의심하지 않는다. 그리고 그들은 대체로 성직자가 되는 소명을 가졌다. 성직자가 되지 않더라도 다른 사람들의 믿음을 조금씩 성장시켜 주는 역할을 한다. 어쩌면 이들은 인간의 모습을 한 천사라 할 수 있으며 지구상에서 믿음과 희망을 지키는 수호자일 것이다. 그러나 이런 사람들은 많지 않다. 사람들은 대체로 자신의 경험에 따라 믿음을 규정하며 살아가기 때문이다.

우리는 믿음이 우리에게 도움을 주는 상황에서 믿음 속으로 들어가기도 하고 나오기도 한다. 사실 모든 것이 뜻대로 잘 풀릴 때는 믿음을 가지기가 쉽다. 그러나 삶이 원하던 방향으로 가지 않을 때는 이야기가 완전히 달라진다. 믿음이 제일 필요한 순간에 오히려 믿음을 포기하는 것이다. 이유는 스스로 자신의 믿음으로부터 버림받은 기분이 들어서다. 그러다 보면 결국 일상에서 자신의 영혼과 접촉할 수 없게 된다.

오늘날 믿음은 사고파는 상품처럼 되어 버렸다. 또 믿음을 계속 유지하는 사람도 드물다. 삶이 불공평하고 고통스러우며 이성으로는 어찌해 볼 도리가 없는 모순이기 때문이다. 온전히 살아 있는 삶을 살기 위해서는 큰 용기가 필요하다. 어떤 때는 잠자리에서 일어나는 일에도 우리가 발휘할 수 있는 힘보다 더 많은 힘이 필요할 때가 있다. 매일매일을 무조건 온전한 믿음으로 살기란 어려운 일이다.

나의 믿음의 여정은 어린 시절에 시작되었다. 나는 당시에 영적 부름을 경험했으며 신에 대해 알고 싶었다. 그래서 나는 신을 찾아 종교 안으로 들어갔다.

우리 집안에는 종교도, 신에 대한 어떤 증거도 없었기에 나는 신이 틀림없이 다른 집에 있을 것이라고 생각했다. 그래서 동네 친구 집을 전부 돌아다니며 신에 대해 물어보곤 했다. 나는 그들이 어떤 종교를 믿는지 알고 싶었다. 그리고 그들과 함께 교회에 갔고 성경도 읽었다. 내 나이 일곱 살에는 어떤 사명감까지 느꼈다. 그리고 내 삶에서 무엇이 빠져 있는 것 같아 그것을 찾고 싶은 마음이 간절했다.

나는 근본주의 교회, 가톨릭 성당, 개신교 교회, 여호와의 증인, 말일

성도 교회 등을 찾아다녔다. 그러나 나는 어느 곳에서도 신을 발견할 수 없었다. 거기에서는 단지 교육만 이루어지는 것 같았다.

그러던 어느 날 엄마가 내게 어디서 나왔는지 물었다. 나는 하와이 파인애플에서 태어났다고 대답했다. 그러고는 더 이상 믿음 찾기를 멈췄다. 사실 그때 나는 내가 한 말이 정답이 아닌 것 같아 엄마가 다른 말을 해 줄 거라 기대했다. 하지만 엄마는 더 이상 대화에 흥미를 보이지 않았다.

신을 찾고자 하는 나의 여정은 미뤄졌지만 여전히 여러 곳을 찾아다니고 독서를 하면서 신을 찾았다. 그러나 슬프게도 열네 살이 되던 어느 날 신은 없다고 선언해 버렸다. 그리고 다시 믿음이라는 것을 내 삶에서 찾고 인정하게 되기까지 많은 세월이 걸렸다.

용서의 길

내가 영혼의 존재를 느끼기 시작한 것은 20대 중반이었다. 난생 처음 겪는 구체적이면서도 심각한 경험이었다. 그때 나는 이미 몇 차례나 배신을 당하여 지독히 고독했고 분노했으며 고통받고 있었다. 제대로 되는 것이 아무것도 없는 것 같았다.

그러던 어느 날 아침, 침실에서 어떤 낯선 목소리가 들려왔다. 그 목소리는 나에게 아주 또렷하고 단순하게 "이제 그들을 용서할 시간이 되었나."라고 말했다.

나는 그 말이 옳다는 것을 알고 있었다. 나는 정말로 나를 배신한 사람들을 용서할 때까지는 결코 나 스스로 자유로워질 수 없다는 것을 알고 있었다. 그들은 결과적으로 나에게 가치 있는 적수가 되었으며 내가 진정 누구인지를 가장 많이 가르쳐 준 사람들이었다. 단 한마디 말이 그렇게 굳게 닫혔던 마음의 문을 열게 하고 내 인생을 영원히 바꾸어 놓았다는 사실은 참으로 경이로운 일이다.

신기하게도 나는 용서해야 할 사람들을 굳이 찾아다닐 필요가 없었다. 내가 용서를 결심한 후 몇 개월이 지났을 때 뜻하지 않게 그들을 한 사람씩 만나게 되었기 때문이다. 내가 사랑과 용서로 한 사람씩 만날 때마다 그만큼 나 자신이 자유로워졌으며, 그들 또한 나로부터 자유로워졌다. 내가 나를 배신했던 사람들을 용서할 필요가 있듯이 그들 또한 나의 용서를 받아들일 필요가 있었으니까 말이다.

이 경험은 정말로 아름다운 것이었고, 어떤 확신을 주는 것이었다. 내가 그들 모두를 용서하자 나 자신이 생생히 살아 있을 뿐만 아니라 지극히 행복하다는 것을 느꼈다. 내가 마음을 열자 내 인생에 새로운 사람들과 기회가 나타나기 시작했다.

첫 번째로 나는 멋진 남자를 만났는데, 그는 다시 한 번 사랑을 가르쳐 주었다. 그는 내 능력을 알아보고 1984년 로스앤젤레스 올림픽에서 운영과 홍보를 맡을 직원 모집에 지원해 보라고 격려까지 해 주었다. 다행히 합격해 성화 주자 릴레이를 관리하고 조직하는 일을 맡게 되었다. 나는 그 어느 때보다 돈을 많이 벌게 되었다. 그것은 일생일대의 경험이었다. 그리고 미국 곳곳을 여행할 기회까지 얻어 미국 전역에 있는 정말 대단한 사람들을 만날 수 있었다. 정말 기적 같은 시간들이었다. 나는 내가 받은 모든 것을 곧 신이 준 선물이라고 생각했다. 나는 처음으로 하느님과 협력관계를 맺었다고 느꼈다. 그것은 내 생애에 이룩했던 많은 협력관계 중에서 첫 번째 것이었다. 용서야말로 신의 유산을 물려받을 수 있는 열쇠라는 것을 알 수 있었다. 만약 당신의 마음이 원망과 분노의 감정으로 채워져 있다면, 당신은 스스로 진정한 부유로 연결되는 문을 닫고 있는 것이다.

미국 작가이자 철학자인 엘버트 허바드는 세상을 살면서 용서하고 용서받는 일은 말로 표현할 수 없는 큰 즐거움이며, 신의 부러움까지 살 수 있는 일이라고 말했다. 그렇다. 당신이 용서할 때 당신 안에 있는 영혼이 깨어나 당신을 자유롭게 할 뿐 아니라 당신의 가능성이 실현되도록 돕는다. 나는 많은 고객들에게 머니 코칭을 하는 가운데 이 사실을 알게 되었다. 기꺼이 남을 용서할 줄 아는 사람은 부와 풍요를 가지게 된다. 반대로 자기 자신이나 남을 용서할 줄 모르는 사람은 자신의 머니 타입을 넘어서서 그 이상으로 발전하기가 어렵다.

나한테 12단계 회복프로그램(A Twelve-Step Program:알코올 중독을 포함한 각종 중독증이나 기타 행동 문제로부터 벗어나게 하는 유명한 회복 프로그램-옮긴이)을 수강했던 여성 고객이었던 수는 몇 년에 걸쳐 영성 차원의 치료를 받고 있었다. 그녀는 친절하고 관대했지만 경제생활에 관한 한 피해자형 성향이 강한 사람이었다. 그녀는 나를 통해 많은 도움을 받았지만 여전히 "도대체 다른 사람들이 내게 한 짓을 보라고!"라는 식의 행동패턴에서 벗어나지 못하고 있었다. 그녀는 남들이 자신에게 저지른 끔찍한 불공평한 짓 때문에 스스로 불행해졌다고 생각하고 있었다. 그리고 그녀는 늘 그런 식으로 이야기를 마무리했다. 그녀는 그 밖의 다른 어떤 가능성도 볼 수 없었다. 나는 그녀에게 자신에게 해를 끼쳤다고 생각하는 모든 사람을 용서해야 과거의 매듭을 풀 수 있고 그 일은 전적으로 그녀 자신에게 달려 있다고 말해 주었다. 하지만 그녀는 과거의 상처를 잊을 수도 없었고 남을 용서하려고도 하지 않았다. 그녀는 그녀가 남을 용서하지 못하기 때문에 그녀 자신이 과거의 볼모로 붙잡혀 있다는 사실을 이해하지 못하고 있었다. 그래서 결국 나는 그녀의 코칭을 그만뒀다. 그녀가 자기 자신을 돕고 싶어 하지 않는 한 그녀를 도울 수 없다. 그녀가 마침내 남을 용서할 용기를 갖게 된 것은 집을 비롯해 그녀가 가진 것 모두를 잃고 나서였다.

용서는 충족으로 가는 길에서 우리가 취할 수 있는 가장 중요한 단계다. 치유되지 않은 상처, 원망, 분노, 남 탓은 모두 풍요의 흐름이 우리에게 유입되는 것을 방해하는 걸림돌이다. 물론 불의(不義)를 용서할 필요는 없다. 다만 그 행동을 한 사람은 용서하라. 그 행동은 이미 끝났고 그 일은 완료되었다. 따라서 더 이상 그것을 바꿀 수는 없다. 오직 바꿀 수 있는 것은 당신과 다른 사람 사이에 형성되어 있는 에너지뿐이다. 만약 당신이 이 에너지를 긍정적인 흐름으로 변화시킬 수 있다면 당신은 최고의 풍요가 자리할 여지를 창조할 수 있다.

이제 당신의 머니 일지에 다음 물음에 대한 답을 써보라.

1. 나는 누구를, 또는 무엇을 용서해야 하는가?

2. 용서하지 못하도록 나를 막는 것은 무엇인가?

3. 용서하지 못할 상처를 가장 크게 입힌 사람은 누구인가?

4. 내가 용서하면 가장 덕을 볼 사람은 누구인가?

5. 이 고통스런 에너지를 내 삶에서 기꺼이 내보낼 의지가 있는가?

기도의 힘

나는 마음속에서 신과 연결되어 있음을 느끼고 영적인 힘이 나와 함께 작용한다는 것을 알게 되었지만, 그것을 믿음으로 발전시키기까지는 몇 년이 걸렸다. 나는 몇 번이나 더 넘어졌다. 인생의 가장 힘든 시기에 기도로 위안을 얻고자 했다. 그때 나는 철부지 어린 시절 이후 처음으로 기도했다. 기도의 힘으로 어둠 속에서 나의 길을 찾고 싶었다. 어린 시절 내 마음에 심겨진 믿음의 씨앗은 나도 모르게 조용히 자라고 있었다. 그렇게 배양된 믿음은 앞으로도 영원히 나를 지탱해 줄 것이다. 나는 기도야말로 믿음을 키울 수 있는 가장 좋은 길이라는 사실을 깨달았다. 그렇게 믿음을 키우고 발전시키는 것은 머니 코칭의 필수 요소다. 영성의 힘이 나와 함께 작용한다고 느낄 때 그것은 나에게 힘이 되었다. 그리고 나의 일에도 항상 영향을 미친다.

기도는 당신이 생각하는 신이 어떤 존재든 상관없이 늘 함께한다. 기도는 우리가 영적 차원에 적극적으로 동참하고 협력하는 것이기도 하다. 우리는 항상 영성의 힘이 우리를 위해 무조건적으로 작용하고 협조해 주기를 기원하고 의지할 수 있다. 우리는 모든 신의 사녀다. 그 신은 실제

부모와 달리 우리에게 어떤 기대도 하지 않는다. 신은 그냥 우리를 사랑하고 우리가 우리의 직관과 길을 따르고 행복해지기를 바랄 뿐이다. 우리가 진리의 길을 갈 때 신은 함께한다. 그 진리가 무엇이든, 우리가 진리의 소리를 듣고 그것에 따르는 법을 배울 수 있다면, 신은 우리와 함께하며 우리 손을 잡아 줄 것이다.

당신이 삶의 여정 어디에 있든, 앞을 막는 장애물이 얼마나 크든, 두려움이나 고통이 얼마나 크든, 믿음과 기도는 그 반대편으로 가는 가장 쉬운 길이다. 당신 안에 있는 영성을 발견하라. 어쩌면 그것은 당신이 가 보지 못한 길일 수 있다. 그 길을 가 보라. 우리는 진정한 나의 길이 아닌 길로 들어섰기에 결국 길을 잃고 아무런 소득도 얻지 못했을 수 있다. 그러니 진정한 진리의 길, 자기의 길을 찾고 그 길을 가라. 그렇게 할 때 당신은 결코 외롭지 않고 길을 잃지도 않을 것이다.

영적 도구로서의
기도

기도는 가장 강력한 영적 도구다. 그럼에도 불구하고 많은 사람이 기도의 힘이나 용도에 대해 제대로 이해하지 못하고 있다. 내가 코칭을 했던 많은 고객들도 기도하는 데 어려움을 느끼고 있었다. 그들은 늘 나에게 어떻게 기도해야 할지 물었다. 나는 우리가 영성으로부터 단절되었기에 기도와 신에 대해 이야기할 때 왠지 익숙하지 않고 불편함을 느낀다는 사실을 깨달았다. 많은 사람이 스스로 자신이 신과 함께할 만한 가치가 없다고 생각한다. 그리고 영성으로 소통할 수 있는 기술도 없다고 믿는다. 그러나 사실 우리 모두 영적으로 신과 소통하는 법을 알고 있다. 다만 그것을 잊고 살아갈 뿐이다. 어떤 언어든 오래 사용하지 않으면 잊어버리게 되어 있다. 그러나 약간만 연습하면 잊어버렸던 언어도 기억이 나는 법이다. 마찬가지로 기도의 언어도 얼마간 연습을 하면 기억해 낼 수 있다.

기도에 정답은 없다. 기도는 아주 개인적이며 개별적인 과정이다. 그렇기 때문에 당신이 어떻게 기도하든 상관없다. 다만 당신이 기도를 한다는 것, 자주 한다는 것, 그것이면 족하다. 당신은 스스로 하루에 몇 번 정도 기도하면 좋을지 알 수 있을 것이다. 이왕이면 매일 기도하는 것이 당신의 영성을 키우고 영혼과의 관계를 유지하는 데 좋다. 그것이야말로 자기 자신에게 베풀 수 있는 가장 큰 봉사이다.

기도를 한다고 해서 결코 하찮고 무기력한 존재가 되는 것이 아니다. 사람들은 기도에 큰 부담을 느끼거나 저항을 하는 경우가 많다. 그런데 그러한 현상은 기도 자체와는 별로 상관이 없다. 어쩌면 그것은 작고 힘이 없던 어린 시절의 경험 때문일 수 있다. 우리는 살아가면서 많이 상처 입고, 또 실패한다. 그래서 두 번 다시 그런 경험을 하지 않으려 한다. 특히 부모와의 관계에서 상처를 입은 경우에는 다시는 그런 상처를 입는 처지가 되지 않으려 한다. 그래서 기도를 할 때 과거의 약하고 보잘것없는, 무기력한 사람으로 되돌아가는 것 같은 느낌이 들기 때문에 거부감이나 불편함을 느끼는 것이다 그러나 누구에게나 사랑이 필요하다. 하지만 우리는 사랑이 필요하다는 사실을 감추고 숨기는 데 전문가가 되었고 사랑을 받을 능력까지 고의적으로 파괴했다. 무의식 차원에서 본다면 기도에 대한 저항감은 약함에 대한 두려움, 사랑받지 못하고 있다는 두려움의 소산이라 할 수 있다.

우리는 스스로 무가치한 사람이 아닐까 두려운 마음을 갖기도 한다. 그러나 우리 모두는 가치 있는 사람이다. 우리 모두는 신으로부터 무조건적인 사랑을 받고 있다. 어쩌면 그 사랑이야말로 단 하나의 진정한 무조건적 사랑이라고 할 수 있다. 우리에게 필요한 것은 오직 우리 자신이 그러한 사랑을 받을 수 있도록 기도의 문을 활짝 여는 것뿐이다.

가슴이 시키는 대로 따라가라

신과 함께한다는 것은 영적인 차원에서 볼 때 겸허하고 강력한 힘을 느끼는 일이다. 기도는 많은 사람이 생각하듯 무엇을 구걸하는 것이 아니라 감사한 마음을 갖고 필요한 조언을 구하는 것이다.

최근에 친구 마이클이 찾아와서 아주 힘든 일이 있다며 조언을 부탁했다. 그리고 갑자기 삶을 어떻게 살아야 할지 모르겠고 자신감이 떨어졌다고 했다. 웬일인지 그는 그동안 늘 해 오던 일을 더 이상 감당할 수 없다고 느끼고 있었다. 더 큰 문제는 그에게 다른 특별한 기술이 없다는 점이다.

나는 그에게 당장 필요한 것이 무엇이라고 생각하는지 물었다. 그는 단순히 "그냥 현금이 필요하다"고 답했다. 나는 문제를 해결하고 그를 안전하게 해 줄 수 있는 돈이 도대체 얼마냐고 물었다. 그는 잠시 생각하더니 말했다. "글쎄, 10만 달러 정도면 될 것 같은데 그렇게 많은 돈을 갑자기 어떻게 구해야 할지 걱정이야."

나는 그에게 지금 그의 삶에서 무엇이 부족한지, 그리고 만약 10만 달러를 가진다면 무엇이 달라지고 해결될 수 있을지 물어보았다. 그는 이렇게 말했다. "지금 필요한 것은 다 있어. 어떤 것은 충분한 정도가 아니라 넘치는 상황이야. 현재로선 아무것도 부족한 것이 없어. 단지 어머니와 함께 있고 싶을 뿐이야. 어머니는 이제 늙으셔서 내가 곁에서 챙기고 보살펴야 해. 그런데 어머니는 유럽에 계셔. 먼 곳에 계신 어머니를 미국으로 모셔 올 수도 없고, 그렇다고 내가 그쪽으로 갈 수도 없어. 이러지도 저러지도 못하는 궁지에 몰린 기분이야."

나는 그에게 가슴을 따르라고 말해 주었다. 그가 어머니 곁에 있어야 한다면 그는 어머니께 가야 한다. 그러니 편안하게 결정을 내릴 수 있도록 돈이 생길 때까지 기다린다는 것은 답이 아니었다. 그런 것은 결코 답이 될 수 없다. 친구는 유럽에서 한동안 지낼 수 있을 만큼 넉넉한 돈을 가지고 있었다. 그리고 그가 일단 유럽에 도착하면 무슨 일이 생길지 아무도 모른다. 그러나 내가 그에게 해 준 말은 솔직히 그가 듣고 싶어 했던 말이 아니었다. 그는 화를 내기 시작했다. 그는 내게 '경제적 조언'을 원했기 때문이다. 나는 오히려 지금 필요한 것은 경제적 조언이 아니라고 말해 주었다. 그는 비록 큰 부자는 아니었지만 그런대로 삶을 영위할 수 있을 만큼 돈이 충분했다. 그도 필요한 것은 다 있다고 인정했다. 그에게 부족한 것은 바로 믿음이었다. 그는 가슴이 시키는 대로 따라도 괜찮을지 믿음이 생기지 않았을 뿐이다. 그가 생각한 유일한 해결책은 바로 돈이었다.

나는 친구에게 기도를 하고 도움과 조언을 구해 보는 것이 어떻겠냐고 말해 주었다. 기도를 하다 보면 다른 해결책이 생각날 수 있으니까 말이다. 사실 그로서는 잃을 것이 없었다. 나도 어떻게 해야 10만 달러가 생길지 답이 떠오르지 않았다. 설사 내가 말해 줄 수 있더라도 그에게 필요한 것은 돈이 아니었고, 돈은 답이 아니었다.

그는 믿음을 키워야 했다. 그는 영성과 연결될 필요가 있었다. 그렇게 해야 자기 문제에 대한 답을 찾을 수 있고 돈 걱정 없이 가슴이 시키는 대로 따를 수 있는 능력을 키울 수 있었다. 그는 힘의 원천인 영성이나 영혼으로부터 떨어져 있었던 것이다. 그는 무력한 상태에 빠져 있었다. 많은 사람이 그렇듯 그 또한 돈만이 힘을 가져다줄 것이라고 믿었다.

그는 내게 감사하다면서 내 말이 맞다고 했다. 하지만 그는 내가 말한 대로는 할 수 없다고 말했다. 만약 그가 자신의 능력으로 다 해낼 수 있다는 사실을 알았다면, 그가 만약 모든 기적과 창의력의 원천이 우리 각자에게 있다는 사실을 알았다면 얼마나 좋았을까?

만약 우리 모두가 이러한 원천을 개발하는 법을 배운다면 말 그대로 진정한 부자가 될 수 있지 않을까?

영적 자아와 다시 만나다

우리는 필요 이상으로 물질을 더 많이 소유하거나, 진정한 자기가 아닌 그 이상의 사람이 되거나, 현재 자리가 아닌 그 이상의 자리를 차지하려고 많은 에너지를 소비한다. 이러한 욕망 때문에 우리는 우리 내부에 있는 진정한 재능을 제대로 경험하지 못하고 있다. 나는 우리가 경험하는 크나큰 불만족과 환멸은 결국 우리가 영성으로부터 단절되었기 때문이라고 믿는다.

우리는 믿음을 키우고 영적 자아와 다시 만남으로써 이러한 불만족을 치유할 수 있다. 진정한 자아가 되지 못하는 자아의 조각들을 통합하기 위해 우리는 우리 근원에 해당하는 영성을 기억해야 한다. 우리는 현재 물질세계에 너무 빠져 있어서 우리의 영성이나 우리의 위대한 근원인 신을 포함하는 또 다른 세계를 완전히 무시해 왔다.

우리는 단지 무엇을 소유하기 위해 일하는 존재로 태어나지 않았다. 우리는 물질적인 동시에 정신적인 존재로서 진정한 삶을 살기 위해 태어났다. 우리는 진정한 본래의 자아로부터 너무 멀리 떨어져 있다. 그래서 보이지 않거나 물질세계에 존재하지 않는 어떤 것도 기억하거나 생각하지 못하는 삶을 살고 있다. 그러나 현실이 그렇다고 해서 우리에게 영적인 것이 없는 것은 아니다. 우리에게는 영적인 것이 있고 언제나 있어 왔다. 그리고 우리가 죽은 후에도 오랫동안 있을 것이다.

우리가 겪게 되는 최대 비극은 믿음의 힘과 아름다움을 제대로 알지 못한 채 죽는 것이다. 지금 여기서 우리를 도와주고 이끌어 주는 것은 바로 믿음이며 영성과의 관계이다. 믿음은 우리에게 주어지는 가장 큰 선물이기에 그것과의 관계를 제대로 가꾸지 않고서는 아무것도 제대로 얻을 수 없다. 이것이 내가 가장 크게 깨달은 바이며 우리 모두가 이것을 깨달아야 한다. 그래서 나는 이 깨달음을 함께 공유하고자 한다.

나는 머니 코칭과 더불어 믿음에 대한 깨달음이 우리를 새로운 방식으로 존재하게 하고 새로운 시각으로 사물을 볼 수 있게 해 준다고 믿는다.

믿음을 키우기 위해서는 우선 한 걸음 뒤로 물러나서 자신이 무엇을 믿는지, 그리고 그 믿음이 어떻게 해서 자신의 것이 되었는지 고찰해 보아야 한다. 우리가 믿는 것은 거의 다 남이 믿는 것이거나 남의 믿음에 대한 우리의 반응일 뿐이다. 그럼에도 불구하고 우리는 무의식적으로 그것을 우리 자신의 것이라고 생각한다. 그러므로 우리의 믿음을 담아 놓은 상자 속을 잘 들여다보고 그 속에 담긴 믿음을 하나씩 꺼내어 면밀하게 재검토해 보아야 한다.

나는 마음속으로 상자 그려 보기를 좋아한다. 그렇게 하면 자신이 믿는 것이 곧 진정한 자기 자신, 즉 자신의 본질이 아니라는 것을 알 수 있다. 그리고 믿음과 본질은 서로 구별되는 것임을 알 수 있다.

믿음은 스스로 에너지를 갖는다. 그리고 당신은 그 에너지를 당신을 위해 수용할 수도, 폐기할 수도 있다. 예를 들어 여기에 우리의 언어를 통해 전해 내려온, 돈에 대한 몇 가지 믿음이 있다.

- 돈은 모든 악의 근원이다 (이 말은 사실 성경에서 인용된 것이지만 잘못 전해진 것이다. 본래는 '돈을 사랑하는 것이 모든 악의 근원이다'가 정확하다).

- 돈은 더럽다. (결과적으로 돈 많은 사람들은 더러운 부자이다.)
- 돈과 탐욕은 함께 간다.
- 빈익빈, 부익부.
- 부자는 아무리 돈이 많아도 지나친 법이 없다.
- 가난한 자만이 겸손을 안다.
- 나는 그것을 살 여유가 없다.
- 나는 빈털터리다.
- 이제 당신의 돈에 대한 믿음은 무엇인가? (또는 당신의 식구의 경우는?)

신념 상자

당신의 돈에 대한 믿음이나 신념을 정리해 넣을 수 있는 신념 상자를 하나 마련하라. 다음 실습은 당신의 신념을 재평가하는 데 도움을 주기 위한 것이다.

나는 시각적인 상자의 이미지를 마음속에 그리는 실습을 좋아한다. 물론 실제로 적당한 크기의 상자를 마련해서 실습해도 좋다. 이러한 실습 과정을 통해 우리는 신념과 우리 자신을 분리할 수 있기 때문이다. 즉 신념이 곧 우리 자신은 아니라는 뜻이다. 신념은 그 자체로 에너지를 가지고 있기 때문에 당신은 자신에게 유리한 신념은 선택하고 그렇지 않은 것은 버릴 수 있다.

이제 실습을 위해 상상 속의 상자를 마련해도 좋고, 실제로 적절한 크기의 상자를 하나 준비해도 좋다. 우리의 신념은 매우 중요하다. 이 상자를 통해 실감나게 실습한다면 당신의 인생에 큰 도움이 될 것이다.

이제 다음 질문에 대해 답하라. 그 답을 일단 머니 일지에 기록하라.

❶ 나는 돈과 관련하여 어떤 신념들을 갖고 있는가?

② 나는 어떻게 해서 이 신념들을 갖게 되었는가?

③ 나는 그러한 신념들 중에서 어떤 신념을 실제로 실천하거나 그 신념에 따라 사는가?

④ 나의 실제 행동은 과연 나의 돈에 대한 신념들을 실제로 '반영'하고 있는가?

⑤ 이상의 신념들 중에서 나에게 더 이상 도움이 되지 않는 것은 무엇인가?
(그 내용들을 다른 종이에 써라)

⑥ 앞의 질문에서 지적한, 더 이상 도움이 되지 않는 신념들을 폐기해 버리고자 하는가?

⑦ 만약 그렇다면, 그 질문에서 답한 신념의 종이를 찢어 버려라. 그렇게 함으로써 의식적으로 그 신념들을 날려 버려라. 이제 그 신념들은 당신 것이 아니다.

⑧ 이제 당신은 새로운 신념을 선택할 수 있는 권리와 자유가 있다. 당신은 어떤 신념을 지키고 싶고 어떤 새로운 신념을 갖고 싶은가? 그러한 것을 써 보라.

이 질문에 대한 답을 모두 상자 속에 넣어 두라. 실제로 상자가 마련되어 있지 않다면 상상 속 상자를 사용해도 좋다. 정기적으로 내용물을 보고 재검토하면서 이 실습을 반복하라. 그리고 더 이상 필요 없다고 생각되는 신념은 버리고 필요한 새로운 신념을 추가하라.

영적 수련은 생각과 함께 실천을 요구하는 하나의 여정이다. 그러므로 당신이 연습과 실습을 많이 하면 할수록 보상이 더 커지며 보다 빠른 시간 내에 머니 머지션이 될 것이다.

Money
Therapy

Part 09

ㄱ

머니 머지션이 되는 길

풍요를 향한
영성의 깨달음

"사람은 모두 자신의 부를
창조하는 건축가이다."

살루스트

Money
Therapy

Money
Therapy

영성을 실현하는
머니 머지션의 삶

머니 머지션은 현실을 변화시키는 기술을 가진 대가이자 달인이다. 머니 머지션에 이르기 위해서는 자신의 현실을 충분히 인식해야 하며 그러한 현실을 변화시킬 수 있어야 한다. 그들은 과거로부터 배우며, 미래를 위해서는 길잡이가 된다.

머니 머지션은 감사하는 마음으로 현재를 충실하게 살고자 하는 사람이고, 빛을 따라 진리의 길을 가는 사람이다. 그는 그러한 빛과 진리의 원천이 자신 안에 있다는 사실을 알고 있으며, 내적인 무한 능력을 언제든지 깨울 수 있는 사람이기도 하다.

머니 머지션은 머니 게임의 법칙을 알고 있지만 그것에 얽히고 싶은 마음은 없다. 머니 게임은 돈이 인간과 행복의 원천이라고 착각하는 사

람들이나 하는 게임이라는 것을 잘 알고 있기 때문이다.

머니 머지션은 진정한 풍요의 원천과 연결되어 있는 사람이며, 돈이란 신성이나 영성에 의한 내면의 창조성을 무한히 공급할 수 있는 것이라고 믿는다.

머니 머지션은 돈 문제가 있거나 경제적인 문제가 대두되면 자신의 내면에서 문제를 일으킨 원인을 먼저 찾는다.

머니 머지션은 우리가 만약 돈에 관해 강박관념을 갖게 되면 그 결과 창조적인 흐름이 방해받게 된다는 점을 잘 알고 있다. 그러므로 수준 높은 의식으로 자신의 길에 놓인 두려움이나 장애물을 이해하고, 궁극적으로 그것들을 제거하고자 적극적으로 노력한다.

머니 머지션은 돈과 열려 있으며 의식 있는 관계를 유지해야 한다는 점을 알고 있다. 또한 돈이란 필요한 것을 얻기 위한 많은 수단 중 하나라는 점도 인식하고 있다.

그는 자신이 자신의 영성과 삶의 목적을 달성하는 데 필요한 돈을 언제든 구할 수 있는 능력이 있다고 믿는다.

그러므로 그는 진정으로 풍요로운 삶이 무엇인지 알고 있고 또 실제로 그런 삶을 살고 있다.

머니 머지션은 부를 목적으로 움직이지 않는다. 진정한 자신의 길을 가는 데 꼭 필요하다면 부가 자신을 찾아올 것이라 믿는다. 그가 물질세계에서 그 어떤 것을 필요로 하든 반드시 얻게 될 것이다.

결국 머니 머지션은 자신의 삶의 목적과 영성을 구현하고 실현하는 방향으로 살아가는 존재이다.

머니 머지션이 되기 위한 10단계

당신은 현재 자신의 길에서 어느 위치에 있으며 어떤 머니 타입의 지배를 받고 있든 상관없이 자신과 관련된 사실을 알아야 하며, 동시에 돈과 원만한 관계를 맺기 위해 노력해야 한다. 비록 풍요가 모든 사람에게 주어질 수 있고 또 쉽게 얻어질 수 있지만, 물질적인 부가 당신이 영적인 삶을 살게 하는 데 도움이 되지 않는다면 그것은 앞으로의 삶에서 당신 것이 되지 않을 수도 있다.

그러나 당신은 언제나 충분히 가질 수 있다. 당신이 돈의 운명을 내면의 영성에 맡길 때 당신이 져야 할 경제적 짐의 무게는 훨씬 가벼워질 것이다. 왜냐하면 이제는 당신 혼자서 그 짐을 지지 않아도 될 것이기 때문이다.

머니 머지션이 된다는 것은 다음 10단계로 구성되는 하나의 과정이며 순례이다.

1단계 당신이 어떤 방식으로 머니 게임을 하는지 이해하고, 어느 위치에서 돈의 덫에 걸려 있는지 이해하라.

2단계 돈과 관련된 당신의 개인사와 가족사를 깊이 검토하고, 그러한 과거 때문에 당신에게 도움이 되지 않는 행동 유형이나 믿음이 어떻게 해서 생길 수밖에 없었는지 이해하라.

3단계 당신의 삶에서 가장 주된 역할을 하고 있는 머니 타입에 대해 제대로 이해하라. 그 과정에서 돈에 관련한 자신의 행동 방식을 이해하고 그것을 변화시키는 데 전념하라. 궁극적으로 돈과 더욱 건강한 관계를 맺을 수 있을 것이다.

4단계 돈과 관련한 당신의 생각, 언어, 행동에 대해 인식하라. 당신이 생각하고 말하고 행동하는 것은 현실을 바꿀 당신의 능력에 강력한 힘을 발휘한다. 그러므로 사랑과 친절의 말을 사용함으로써 내면의 힘, 그리고 영성과 조화를 이루고 하나가 돼라. 또한 두려움을 빨리 없애고 마음 안에서 통제할 수 있어야 한다.

5단계 당신의 진정한 가치를 다시 확인하고 자기 삶의 진정한 가치를 돈이 아니라 진정한 당신의 본질과 관련하여 생각해 보라. 당신은 당신이 현재 소유하고 있는 돈과는 비교할 수 없는, 그 이상의 무한한 가치를 지닌 사람이다. 그러므로 당신이 누구인지에 대한 진리는 돈에 대한 것이 아님을 명심하라.

6단계 돈이 당신을 위해 제공할 수 있는 것이 무엇인지, 돈이 어떻게 조달되기를 바라는지 당신의 생각으로 돈과의 관계를 재정립한다.

7단계 당신의 영성의 길과 삶의 목적에 대해 알도록 노력하고 그것을 따르라. 그러면 당신에게는 아무것도 부족한 것이 없게 된다. 풍요는 당신이 천부적으로 물려받은 유산이다. 누구나 갖고 있는 내면의 영성 왕국을 추구하는 사람들은 외부의 왕국도 찾고 그것이 제공하는 모든 것을 항상 가질 수 있게 될 것이다.

8단계 하루도 빠지지 말고 내면을 수련하라. 기도와 명상을 통해 당신에게 적합한 방식으로, 최대한 자주 당신 내면의 영성과 접속하라. 당신이 그렇게 내면을 수련하는 데 투자하는 시간과 에너지에 비례해 당신의 삶도 풍요로워지는 것을 경험하게 될 것이다.

9단계 믿음을 키워나가라. 언제 어디서나 믿음과 함께하며 당신이 필요로 하는 모든 것이 충족될 수 있을 것이라고 믿어라. 그러한 믿음을 확립했을 때 당신은 절대 길을 잃은 느낌, 혼자 버림받은 느낌을 받지 않을 것이다.

10단계 언제나 진리와 사랑이라는 묘약을 지니고 다녀라. 그것이야말로 인간을 바꾸는 가장 강력한 요소이다.

머니 머지션은 영적인 차원에서 진정한 변화를 이룰 기술을 수련하고 연마하는 재능 있는 연금술사다. 다음 목록은 풍요로 가는 머니 머지션의 기본 공식이다.

머니 머지션의 풍요 의식을 위한 기본 공식

아래 나열한 단어 목록의 첫 글자를 합하면 머지션을 나타내는 'MAGI-CIAN'된다. 이것은 각 목록의 영어 단어의 첫 자 8개를 합한 것으로 머지션의 속성을 알기 쉽게 풀이한 것이다.

M / master **현실을 전환하는 기술의 대가**

A / align **보편적인 영성 원리에 합일됨**

G / guide **내면의 목소리가 들려주는 통찰의 조언을 받음**

I / ntegrity **모든 행동에서 진실됨**

C / connect **진리와 풍요의 원천과 연결됨**

I / intuitive **직관적임**

A / abundant **풍요로움**

N / not attached **결과에 얽매이지 않음**

머니 머지션의 9계명

다음에 머니 머지션이 되기 위한 9계명이 제시되어 있다. 이 9계명을 잘 받아들여 당신의 삶에 적용하라. 그랬을 때 당신이 원하는 모든 것을 실현할 수 있을 것이다.

1계명 **인생 포트폴리오를 작성하라.**
포트폴리오란 개인이 보유하는 각종 금융자산의 명세표를 말한다. 당신은 자신의 삶이 풍요로워질 것에 대해 생각하기 전에 풍요를 추구하는 진짜 이유가 무엇인지 알아야 한다. 당신은 지금 어떤 삶을 추구하는가? 당신이 원하는 삶을 살기 위해, 매일 벽돌을 한 장씩 쌓아 올리듯이 차근차근 자신의 삶의 벽돌을 쌓아 나가라. 당신이 원하는 삶의 초석을 지금 놓아라. 돈이 생긴 후에 하겠다며 지금 할 일을 나중으로 미루지 말라.

2계명 **돈으로 당신 인생의 어떤 부분을 바꾸고 싶은지 자문해 보라.**
당신이 돈을 갖기 전에 먼저 앞의 질문에 대한 답을 알아야 한다. 당신이 구체적인 답을 얻을수록 더 크게 성공할 것이다.

3계명 **먼저 내면의 왕국을 추구하라.**
행복과 성공의 비결은 내면의 욕구와 열망에 기반을 두어야 한다. 당신이 진정 누구인지와 관련한 당신의 본질을 반영하는 세계를 창조하기 위해 일하라.

4계명 **당신의 영적 진리와 당신이 변화시키려는 현실을 일치시켜라.**

5계명 **내면의 직관과 지시를 따르라.**

돈에 대한 당신의 직관력을 개발하여 돈의 어느 부분에 초점을 두고 집중해야 하는지 파악하라. 그러나 그 직관력 때문에 당신의 진정한 인생길에서 벗어나거나 다른 분야에 시간, 에너지, 돈을 소비하는 일은 없어야 한다.

6계명 **돈과 관련하여 성실하게 결정하고 행동하겠다고 결심하라.**

오직 자신만이 진실을 알 수 있다. 그러므로 그것을 따르라.

7계명 **당신이 진실로 원하고 필요한 것을 구체적으로 구하라.**

내면의 영성, 또는 성령이 당신을 위해 마련한 모든 것을 얻을 수 있도록 기도하고 명상하라.

8계명 **결과에 연연하지 말라.**

당신은 자신의 인생 목적을 달성하는 데 도움이 되는 모든 것을 결국 얻게 될 것이라는 점을 믿어라. 머지션은 집착이 모든 불행과 실망의 근원이 된다는 것을 안다.

9계명 **영성을 키우고 자기 영혼과의 연결성을 유지하라.**

영성의 위대한 힘에 접속하여 당신의 인생길에서 그 힘의 조언을 따르라.

내면에서 출발해야 하는 재정 계획

사람들은 흔히 '재정 계획'을 살 수립하는 것이 얼마나 중요한지 낧임

없이 이야기한다. 우리는 그러한 계획을 통해 현재 수입, 자산, 빚과 자신의 현재 경제 상황을 파악하고 미래의 재정 목표를 예상한다.

그러한 재정 계획 덕분에 현재 우리가 재정적 목표에 얼마나 접근해 있는지 알 수 있고, 미래 목표를 어떻게 잘 성취할 수 있을지 답을 얻게 된다. 그것은 돈이나 재정에 대한 관점을 열어 주고 돈의 역학에 대한 의식을 키워주기 때문에 매우 귀중한 도구가 된다. 재정자문가로서 나는 재정 계획의 효용성을 인정하고 옹호한다. 그러나 현실적으로 봤을 때 대부분의 투자전문가나 FC, 라이프플래너, 재정자문가 같은 사람은 고객의 재정 계획을 수립할 때 그의 내면생활이나 심리적 차원을 고려하는 일이 거의 없다.

전통적인 재정 계획은 고객의 외적인 차원에만 초점을 맞춘다. 가장 우수한 재정자문가라 하더라도 고객을 위한 재정 계획을 수립할 때 그의 심리적 차원이나 내면적인 꿈과 욕구를 제대로 반영하지 못한다면 제대로 도움을 주기 어렵다. 따라서 성공적인 재정 계획은 내면에서 출발하여 외적인 것으로 나아가야 한다. 머니 머지션은 행복과 성공의 열쇠는 자신의 내면세계를 보다 목표지향적이며 풍요로운 삶으로 전환할 수 있는 능력에 있다는 것을 잘 안다.

재정 계획 피라미드(외부 세상에 대한 의식)

재정 계획 피라미드는 재정 분야에서 이미 오래전부터 사용되어 왔다. 이것은 탄탄한 기반을 확립한 후 안전하고 점진적인 방식으로 발전하는 것이 중요하다는 점을 시각적으로 잘 보여 준다. 다음에 나오는 전형적인 재정 계획 피라미드를 참고하기 바란다.

전통적으로 성공적인 계획의 열쇠는 피라미드 맨 아래층을 튼튼히 한 다음 위로 시간을 두고 서서히 올라간다. 예컨대 당신이 만약 무모형과 같이 맨 위층의 투기적 투자부터 시작한다면 어쩌면 복구하는 데 몇 년 이 걸릴지 모르는 경제적 타격을 입을 수 있다. 그러나 만약 당신이 이 피라미드 계획을 실천하기 위해 시간을 두고 밑바닥 단계부터 돈을 투입 한다면 균형 있고 풍요로운 경제생활을 누릴 수 있다. 그렇게 하는 이유 는 튼튼한 기반이 지지하는 균형 잡힌 포트폴리오를 갖기 위해서이다. 그러면 시장에서 벌어지는 예상치 못한 변동, 사건이나 사고, 위기 상황 에 대비할 수 있을 뿐만 아니라 지금까지 쌓아올린 공든 탑이 무너지는 최악의 사태도 방지할 수 있다.

재정 계획 피라미드 (외적 의식)

5층
투기적 투자

4층
노후대책 자금
(연금 등)

3층 / 투자
(주식, 채권 등)

2층 / 부동산
(주택, 땅, 건물 등)

기반층 / 안전 울타리
(유동자산, 보험 등)

인생 피라미드
건설하기

재정 계획 피라미드가 당신의 재정적 목표를 달성하는 데 도움이 되듯이 인생 피라미드는 당신의 영적인 목적을 이루기 위해 기초를 마련하는 데 도움을 준다. 이 인생 피라미드가 있어서 당신은 진정 중요한 것과 함께하면서 그것으로부터 벗어나지 않게 된다. 당신에게 정말 중요한 것이 무엇인지 재정자문가가 가르쳐 줄 수는 없다. 다른 누구도 아닌 당신의 인생이다. 그러므로 당신에게 진정 중요한 것이 무엇인지를 결정하는 것은 오로지 당신 몫이다. 인생 피라미드는 당신이 물질세계에서 창조하고 있는 것이 내면의 꿈과 소망에 부합하는 판단할 수 있게 도와주는 잣대가 될 것이다. 그것은 또한 당신이 쓸데없이 돈에 얽매이는 일이 없도록 예방해 줄 것이다.

원래는 순진형이었지만 점차 머니 머지선형으로 발전했던 내 고객 중 한 사람인 캐시는 최근 나에게 전화를 걸어 이렇게 물었다.

"팜스프링스(캘리포니아 남동쪽에 있는 인구 5만 미만의 소도시로, LA에서 약 160킬로미터 거리에 위치한 사막 지역 온천으로 유명한 고급 휴양 도시―옮긴이)에 있는 괜찮은 집을 하나 살까 해요. 제 친구와 이런 저런 이야기를 나누다가 서로 돈을 합치면 집을 한 채 살 수 있겠다는 생각이 들었어요. 그렇게 해도 괜찮을까요?"

그 말을 듣는 순간 나는 곧 '중심에서 벗어나고 있다'는 내면의 소리를 듣게 되었다. 사실 그녀는 지금 큰 발전을 하고 있는 중이었는데 그녀의 충동적 성향이 갑자기 다시 표면으로 떠오르고 있었다. 그래서 나는 그녀에게 왜 하필이면 팜스프링스에 있는 집을 사려는지 물어보았다. 그녀의 대답은 이랬다.

"지금 살고 있는 로스앤젤레스는 집값이 너무 비싸요. 게다가 제가 사막을 좋아하잖아요. 거기는 집값도 훨씬 싸고요. 그러면 적어도 노후에 뭔가 하나는 남는 거잖아요."

그녀가 말한 이유는 어떤 의미에서 그럴듯해 보였다. 그러나 나는 그녀가 왠지 두려움, 결핍감, 부족감과 같은 기분에 쫓기는 것 같은 인상을 떨쳐버릴 수 없었다. 그 이야기를 해 주자 그녀는 이렇게 대답했다.

"지금 여기서는 제가 원하는 것을 다 가질 수 없다는 생각을 버려야 할 것 같아요."

그래서 내가 말했다.

"자신의 힘으로는 원하는 것을 가질 수 없을 것이라고 믿는 이유가 무엇인지 다시 한 번 생각해 보세요. 그래도 지금까지는 당신이 필요로 하는 것을 혼자서 모두 이루어 왔잖아요."

그 말에 그녀도 동의했다. 그래서 나는 팜스프링스에 있는 집이 자신에게 꼭 필요한 것인지, 그리고 이 시점에서 자신이 나아가는 방향을 바꾸는 것이 인생길에 도움이 될지 천천히 생각해 보라고 충고했다. 사실 그때 그녀는 미술가로서의 새 삶을 막 시작하려는 시점이었다. 그런데 지금 자신의 길에 투자해야 할 많은 시간, 에너지, 돈을 20년 후에 살 집이 없을지 모른다는 두려움 때문에 당장 필요하지 않은 팜스프링스 집에 투자한다는 것은 스스로를 무너뜨리는 일이었다. 결과적으로 그녀의 그러한 생각은 현재 그녀가 애써 구축하려는 현실을 파괴할 수 있는 결정이었다. 사실상 그녀로서는 아직 자신의 인생 기반을 쌓고 있는 중이었기 때문이다.

머니 머지션은 자신의 결정 뒤에 있는 무의식의 동기를 인식하며 자신이 정말로 원하는 것에 집중할 수 있는 사람이다. 잘못된 길로, 그것도 두려움 때문에 느닷없이 방향을 바꾸는 것은 위험하다. 진정한 자신의 길과 목표에서 벗어날 수 있기 때문이다. 머니 머지션은 자신의 자원을 사용할 때 깨어 있는 의식으로 선택할 수 있다.

머니 머지션의 인생 피라미드 (마음속에 있는 내면 의식)

부의 피라미드를 건설하면 내면 의식이 명료해져 당신의 길에 도움이 되는 조언을 받을 수 있다. 머니 머지션은 출발의 첫 단계로 내면의 왕국을 추구한다는 사실을 기억하라. 당신이 이 사실을 알게 될 때 외부 세계를 변화시킬 힘을 갖게 될 것이다.

당신이 이 실습을 하는 동안 다음의 지시 사항에 대한 당신의 반응을 머니 일지에 기록하라.

머지션의 부(富) 피라미드(내면 의식)

5층 /
의도:
매직의 씨앗

4층 / 자신만의
깊은 내면으로부터
나오는 꿈과 갈망

3층 /
진정한 삶의 길과 목적

2층 /
믿음, 사랑, 신뢰, 기도,
명상과 같은 무형 자산

기반층 /
신성, 영성, 성령

부 피라미드 만들기

인생 피라미드

① 먼저 아래에 있는 피라미드 그림에 다음의 내용을 적어넣으라.

② **기반층** : 피라미드의 맨 아래층인 기반층부터 시작하라. 229쪽 그림을 참고하여 기반층에는 당신이 믿는 절대자의 이름을 적으라.

③ **제2층** : 당신이 소유하고 지키고자 하는 무형 자산을 모두 적으라.

④ **제3층** : 당신의 진정한 삶의 길과 목적이 무엇이라고 믿는가? 만약 지금 잘 모르겠다면 그 답을 찾을 수 있도록 생각해 보라.

⑤ **제4층** : 당신의 내면 깊은 곳에 있는 꿈과 열망은 무엇인가? 그것은 무형의 것일 수도, 유형의 것일 수도 있다.

⑥ **제5층** : 당신의 의도를 기록하라. 당신이 자신의 삶에서 바꾸고자 하는 현실은 무엇인가?

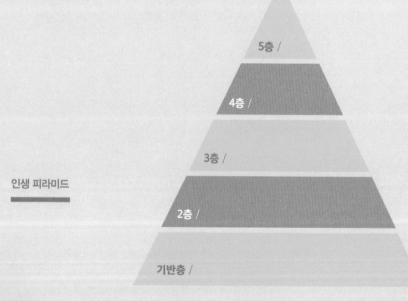

인생 피라미드

5층 /

4층 /

3층 /

2층 /

기반층 /

당신이 이 실습을 하는 동안 아래의 지시 사항에 대한
당신의 반응을 머니 일지에 기록하라.

재정 계획 피라미드

이번에는 재정 피라미드를 만들 차례다.

❶ 먼저 아래에 있는 피라미드 그림에 다음의 내용을 적어넣으라.

❷ **기반층** : 현재 당신이 가지고 있는 재정적 기반은 어떤 것인가? 225쪽을
참고하여 유동자산, 현금, 보험 등과 같은 것을 적어라.

❸ **제2층** : 당신이 소유하고 있는 유형자산을 써라. 유형자산이란 예를 들면
부동산 같은 것을 말한다. 그 종류와 시가를 함께 기록하라.

❹ **제3층** : 당신이 한 투자의 종류와 액수를 기록하라.

❺ **제4층** : 노후대책자금의 종류와 액수를 기록하라.

❻ **제5층** : 투기성 투자의 종류와 액수를 기록하라.

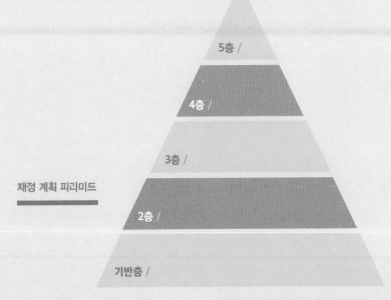

재정 계획 피라미드

앞에서 그린 재정 피라미드에 근거하여
다음 내용을 자신에게 질문해 보라.

❶ 당신의 기반은 얼마나 탄탄한가?

❷ 당신의 피라미드는 얼마나 균형을 이루고 있는가?

❸ 어떤 부분을 더 보강해야 하는가?

❹ 재정적으로 보다 균형잡힌 삶을 사는 데 필요한 계획을 수립하라.

당신은 이미 머니 머지션이 될
열쇠를 가지고 있다

머니 머지션에서 머지션은 마법사란 뜻이다. 그리고 머지션의 영어 단어인 magician의 어근은 마기(magi)이다. 이 마기라는 말이 가장 처음 등장한 곳은 성경이다. 성경에는 동방박사 세 사람에 대한 이야기가 나오는데, 그들이 바로 마기다. 즉 3인의 현자(사전적인 의미로 이들은 고대 페르시아의 사제 계급, 마법사들, 점성술사를 의미한다—옮긴이)이다. 그들은 동방의 별빛이 이끄는 대로 이스라엘로 순례를 떠나 새로 태어나신 왕이며 신의 아들인 예수께 경배를 올린다. 세 명의 현자는 자신 내부에 있는 원천을 알고 있었기에 왕으로도 불렸다.

어쨌든 이들은 자신들을 원천으로 이끌어 준 빛을 따랐고 각자의 선물인 황금, 유향, 몰약이라는 세 가지를 바치면서 그 원천에게 경배를 올렸다. 이들은 각자가 다른 선물을 지니고 있었고 그것을 바치기 위해 머나먼 순례길을 떠났던 것이다. 이 세 가지 선물 중 어떤 것도 특별히 더 귀하게 여겨지지 않았다. 모두가 신 앞에서는 동등하게 받아들여졌던 것이다.

이 이야기는 앞으로 머니 머지션이 될 사람들에게 멋진 메타포, 즉 은유의 역할을 할 것이다. 우리는 모두 여정에 있다. 우리가 가는 길에 정확한 이정표가 없어도 삶에 대한 믿음만 있다면 우리가 가야 할 길이 보일 것이다. 그 3인의 마기처럼 머니 머지션도 내면의 빛을 따라간다. 이 빛은 눈에 보이는 것 이상을 보고자 하는 사람들에게 보인다. 머니 머지션은 돈이 마련될 때까지 기다렸다가 순례를 떠나지 않는다. 그들은 자신이 가진 선물과 함께 여행을 떠난다. 자신이 가진 선물을 현명하게 사용하여 풍요의 원천에게 경배를 드린다.

머니 머지션은 자신에게 있는 영성에 대해 믿음과 신뢰를 갖고 있다. 비록 그 영성이 언제 어떤 식으로 나타날지 모르더라도 그들은 세세한 것을 걱정하지 않는다. 왜냐하면 그런 것은 자신의 일이 아니기 때문이다. 그들은 필요한 것이 무엇이든 그것을 실현할 능력이 자신 안에 있다는 사실을 알고 있다. 그리고 자신들이 추구하는 진정한 삶의 목적을 성취하기 위한 조건이 이미 자기 자신 안에 갖추어져 있다는 사실을 알고 있다.

나 자신도 지난 수년 동안 내가 왜 경제적으로 더 '나아지지' 않는지 그 이유를 고심했다. 나는 항상 아주 열심히 일했을 뿐 아니라 다른 사람들보다 더 많은 모험을 감행했다. 그 모든 노력을 고려했을 때 내가 좀 더 많은 돈을 벌지 못하고 있다는 것은 불공평한 일로 보였다. 물론 나는 충분히 누리면서 괜찮은 삶을 살고 있었지만 그래도 내가 '부자'가 아니라는 사실은 분명했기에 속은 기분이었다.

그러던 어느 날 내가 나의 삶을 정확한 시각으로 보고 있지 않다는 사실을 깨달았다. 나는 자유와 독립을 무엇보다 중요하게 생각해 왔다. 그리고 내가 살고 있는 집의 환경이 나의 평화와 웰빙에 중요하다는 사실을 알고 있었다. 그런데 내 삶의 회계장부를 점검해 보는 가운데 나에게는 내가 가장 귀하게 여기는 삶을 실현하기 위한 모든 조건이 잘 갖추어져 있다는 사실을 깨닫게 되었다.

나는 열일곱 살 이후로 경제적으로 거의 독립된 삶을 살았다. 그리고 여행도 많이 했다. 무엇보다 나는 현재 지구상에서 가장 멋진 곳이라고 할 만한 곳에서 살고 있지 않은가? 내가 이사를 할 때마다 친척과 친구들은 내가 사는 집을 보고 감탄하며 이렇게 말하곤 했다.

"어떻게 너는 매번 이렇게 멋진 집을 구할 수 있니?"

나의 대답은 늘 같았다.

"난 그냥 내가 필요한 집을 구하게 해 달라고 간절히 기원했어."

나는 머니 머지션이라는 사실을 깨달았다. 나는 내가 나의 길을 가며 내가 선택한 삶을 사는 데 필요한 돈을 포함한 모든 것을 창조하고 실현하는 법을 알고 있었다. 나는 모든 것을 충분히 가지고 있었다. 나는 내가 알고 있는 그 누구와 비교해도 '부자'였고 부유했다. 나는 또 한 가지 중요한 사실을 깨달았다. 즉 그것은 사람들이 너무 일찍 너무 많은 돈을 가지게 되면 자기 길에서 벗어나기가 쉽다는 것이다.

만약 내가 생애 초반에 큰돈을 벌었다면 지금쯤 나의 길을 제대로 가지 못하고 있을지 모른다. 만약 그렇게 되었다면 나는 많은 것을 잃었을 것이다. 그리고 나를 이곳까지 데려온 고통을 이겨 내지 못했을 것이고 결과적으로 그 고통을 통해 교훈을 얻지 못했을 것이다. 그리고 내가 그동안 인연을 맺었던 귀한 사람들과도 만나지 못했을 것이며 이 책을 쓸 기회도 얻지 못했을 것이며 인생을 바꿀 수 있도록 남을 돕지도 못했을 것이다.

영문학 전공으로 대학을 졸업했을 때, 지긋지긋한 가난에 지쳐서 작가가 되고 교사가 되겠다는 생각을 포기했다. 사실 그때 너무나 가난에 익숙해져 있었기에 얼른 거기서 벗어나 부자가 되고 싶었다. 하지만 그 후 20년이 흘러간 지금에서야 내 삶은 다시 원점으로 되돌아간 것 같다. 그래서 이제는 과거 젊은 시절에 포기했던 나의 꿈을 실현하여 작가로서, 선생으로서, 그리고 머니 코치로서 살게 되었다. 이것이 바로 나의 인생길이었다.

당신 내면의 영성의 소리를 들으라. 그렇게 하면 당신이 가야 할 길로 제대로 들어서도록 조언을 받을 것이다. 물론 그것이 항상 쉬운 일은 아니겠지만 결국에는 모든 것이 원하는 대로 이루어질 것이다. 그때 당신은 풍요 속에 산다는 것이 무엇을 의미하는지 알게 된다. 그리고 심지어 당신은 엄청난 부를 경험하게 될지 모른다. 그렇지만 당신이 그렇게 되기 위해서는 먼저 놓아 버려라. 그리고 두려워하지 말라. 만약 필요하다면 때로는 모험도 하라. 당신은 보호받을 것이라고 믿어라. 실제로 당신은 그렇게 될 것이다. 당신이 누구든, 그리고 당신이 어디에 있든 첫걸음을 옮겨서 당신의 여정을 시작하라. 당신이 필요로 하는 모든 것이 당신에게 주어지고 펼쳐질 것이다. 만약 길을 알거든 그 길을 따르라. 만약 길을 모른다면 도움을 청하라. 구하라, 그러면 얻을 것이다.

Money
Therapy

Part 10

미래를 위한 지혜

성공적인 삶을 위한 비전

"삶의 목적은 사는 것이고, 산다는 것은 각성하는 것이다.
때로는 기쁨에 충만하여, 때로는 취한 것처럼.
하지만 언제나 고요하게, 그리고 신성적 차원에서 각성하는 것이다."

헨리 밀러

Money
Therapy

당신 삶의 풍경은
어떠한가?

당신의 가장 소중한 재산은 당신에게 주어진 삶이다. 당신이 이 선물을 가지고 비교적 짧은 인생이라는 시간에 무엇을 선택하느냐에 따라 이 세상에 태어날 때처럼 이 세상을 떠날 때도 부자로 살다 갈 것인가가 결정된다.

당신은 이미 태어날 때 '가능성의 씨앗'이라는 형태로 필요한 모든 것을 선물 받았다. 그래서 당신은 기적이다. 누구든 이와 다르게 이야기한다면 그것은 틀린 말이다. 그러므로 이 진실을 기억하며 살아가라. 당신 주변에 다음과 같은 내용이 쓰인 믿음의 띠를 둘러라.

"나는 기적이다. 무한한 가능성의 씨앗이 내 안에서 나와 함께 태어났고, 지금도 여진히 내 인에 미물러 있다."

이 말은 영원한 진리이기 때문에 당신에게 올 그 누구도, 그리고 당신에게 일어날 그 어떤 일도 이 믿음을 바꿀 수 없게 하라.

이 책의 결론에 해당하는 마지막 장을 시작하던 어느 날 아침, 내 안의 목소리가 나에게 "네 삶의 풍경에 주목해 보라"고 말해 주었다. 그래서 나는 밖으로 나가 이리저리 거니는 가운데 앞뜰에 있는 아름드리 고목에 마음이 끌렸다. 나는 평소에 그 고송(古松) 밑에 앉아 쉬면서 아름다운 자태를 바라보곤 했다. 이 고송에게는 나름대로 장엄함과 지혜가 있었기에 나는 마음의 위안을 받곤 했다. 자연은 정말 위대한 스승이다. 내가 명상을 시작하자마자 작은 씨앗에서부터 시작된 이 소나무의 여정이 얼마나 오래되었을까 생각해 보았다.

소나무의 수령은 200년이 넘었을 정도로 오래되었다. 그러한 소나무의 삶은 단순 소박하다고 할 수 있다. 왜냐하면 그 소나무는 아름다워지기 위해 어떤 행동도 생각도 할 필요가 없기 때문이다. 굳이 변화를 시도해야 할 필요가 없는 것이다. 왜냐하면 변화는 자연스럽게 일어나기 때문이다. 그리고 의식을 가져야 하거나 어떤 선택을 할 일도 없다. 다시 말해 나무는 아무것도 하지 않아도 된다. 나무는 그냥 나무로서 존재할 뿐이다. 그것은 보잘것없는 씨앗에서 시작하여 시간에 자신을 맡긴 채 자라나 거대한 한 그루의 나무가 되었다. 그동안 나무는 땅 속 깊이 뿌리를 내리고 하늘 높이 키를 키우면서 자라났다. 그것은 수백 번이 넘는 무수한 계절의 시간을 보내면서 변화의 과정을 거쳐 온 것이다. 그 모든 것이 오직 한 가지 사실, 즉 아주 오래전 작은 씨앗 하나가 땅에 떨어졌다는 사실에서부터 시작되었다. 나무에게는 매일을 단순하게 살아가는 목적이 있을 뿐이다.

신은 가장 훌륭한 예술가다. 이 땅에 있는 모든 살아 있는 존재들은 하느님의 상상에서 비롯되었다. 자연의 모든 것은 의도와 목적을 지닌 존재로 아름답게 채색되고 조형되었다. 물론 우리 인간이 나무와 다른 점은 인간에게는 자유의지와 창조적 사고를 할 수 있는 힘이 있다는 것이다. 이런 것이 바로 우리를 인간으로 만든 신의 선물이다. 우리에게 주어진 삶은 하얀 캔버스이며, 우리는 온갖 상상력을 동원해 그 위에 자신의 현실을 창조해야 한다.

우리 인간은 작은 씨앗에서 시작된 나무와 달리 자신이 받은 창조성, 상상력, 의식, 자유의지 같은 선물을 잘 사용함으로써 자신의 삶의 본질을 충분히 실현하는 쪽으로 성장해야 한다. 우리는 일상생활이라는 토양을 잘 갈아서 그곳에 우리의 내적 잠재력이라는 씨앗을 가꾸어야 한다. 만약 우리가 이 사실을 잊어버리면 우리는 내면에 숨겨진 가능성을 낭비하게 된다.

한번 생각해 보자. 당신이 만약 날마다 삶의 변화와 성장을 위한 씨앗을 잘 심었다면 당신 삶의 나무는 얼마나 잘 자랄 수 있겠는가? 물론 자연에게는 인간과 같이 의식이란 것도 없고 자신을 창조할 수 있는 능력도 없다. 인간만이 그런 능력을 가지고 있다. 그러므로 우리는 인간으로서 그냥 가만히 앉아 세월을 보내며 자기가 본래 누구인지, 또는 지금 무엇을 하는지도 의식하지 못한 채 살아갈 수 없다. 우리가 그렇게 정체된 상태로 살아간다면 그것은 사는 것이 아니라 죽은 것과 같다. 자연은 우리 삶의 거울이자 은유다. 그리고 그것은 우리 자신을 되돌아보는 데 활용해야 할 대상이다. 내면의 목소리는 우리에게 말한다.

"네 삶의 풍경에 주목해 보라."

자, 생각해 보라. 과연 당신 삶의 어느 부분이 지금까지 너무나 오랫동안 잠자고 있었는가? 정체되어 있는 당신 내면의 그곳에 주의를 기울이고 살펴보라. 그곳이 바로 당신을 기다리는 풍요의 흐름을 가로막는 걸림돌이니까 말이다.

새로운 변화의 씨앗 심기

이제 당신은 여기서 어디로 가야 할까? 지금의 당신 삶의 풍경을 가까이에서 잘 살펴보라. 당신 내면에 성장과 변화가 필요한 곳이 있는가? 그렇다면 그 변화를 위한 씨앗을 오늘 심으라. 만약 당신이 더 많은 사랑을 원한다면 사랑의 씨앗을 심어서 당신이 진정으로 원하는 그런 사랑이 되게 하라. 그렇게 하다 보면 당신은 항상 풍족해질 것이다.

만약 당신이 이상적인 동반자나 배우자를 원한다면 먼저 당신 자신이 스스로에게 이상적인 파트너가 되는 씨앗을 뿌리고 그렇게 되도록 노력하라. 그랬을 때 당신이 원하는 것을 얻을 수 있을 것이다. 만약 당신이 많은 돈을 갖기 원한다면 먼저 돈과의 관계를 변화시킬 수 있는 씨앗을 심으라. 직업을 바꾸고 싶은가? 그렇다면 해외여행도 해 보고 작가가 되어 보거나 더 많은 씨앗을 심도록 하라.

돈과 인생의 다른 영역에 대한 당신의 의도를 깨닫고 의식하라. 그리고 먼저 당신이 던진 질문의 의미를 제대로 이해하려고 노력한 후에 답을 찾아 나서라. 그러면 답과 길이 보일 것이다.

당신 삶에서 무엇을 바꾸기 원한다면 먼저 자신의 내면의 욕구를 보다 크게 인식하고 지금까지와는 다르게 행동해 보라. 감나무에서 감이 떨어지기를 막연하게 기다리듯이 수동적으로 가만히 앉아서 변화가 일어나기만 기다리는 행동은 하지 말라. 당신은 당신 자신의 삶을 살고 있다. 아무도 당신 대신 일해 주고 살아 줄 사람은 없다. 당신은 예술가다. 그러므로 당신 삶을 예술작품으로 만들라. 비록 쉬운 일은 아니겠지만 그렇게 할 만한 충분한 가치가 있다.

당신은 봄에 씨앗이 두터운 땅을 뚫고 연약한 몸을 일으켜 싹을 틔우는 모습을 본 적이 있는가? 땅이 아무리 단단하고 뚫기 어려워도 씨앗은 어떻게든 그 일을 해내고야 만다. 이것은 경이롭고 기적 같은 자연의 과정이라고 할 수 있다. 당신의 삶도 마찬가지다. 당신이 뚫고 나와야 하는 것이 있다면 그것이 무엇이든 당신은 충분히 해낼 수 있다.

우리는 모두 나름대로 많은 어려움과 역경을 헤치고 나왔다. 그렇지만 우리 모두는 힘든 현실을 극복하려고 애쓰는 과정에서 힘을 알고 용기를 발견하지 않았던가?

당신이 설사 고통의 한가운데 있더라도 결코 혼자라고는 생각하지 말라. 당신은 결코 혼자가 아니다. 당신은 아직도 누군가에게, 혹은 세상에 베풀어야 할 것이 많을 뿐 아니라 받아야 할 것도 많다. 당신이 살아 있다는 사실이야말로 그 사실을 증명하는 유일한 증거다. 따라서 할 일은 아주 간단하다.

당신은 하루에 한 가지씩 의식적으로 씨앗을 뿌리며 삶을 변화시킬 수 있다. 그것은 곧 변화, 창조성, 사랑, 기쁨, 풍요, 부유와 같은 것들이다. 이제 당신이 어떤 사람이 될지 생각해 보라. 당신은 당신의 삶을 가꾸는 정원사다. 그러므로 삶이라는 당신의 정원을 사랑으로 잘 가꾸라. 삶의 가능성을 믿으라. 신은 당신 삶의 정원에 따뜻함, 햇살, 빛을 줄 것이다. 그러므로 당신은 매일 열심히 일하면 된다. 오늘 당장 시작하라.

풍요 작전 D-60

세 살 버릇 여든까지 간다는 말이 있듯이 오래된 습관은 고치기 어렵다. 당신이 이 책에서 습득한 지식과 정보를 활용하기 위해서는 아직 그 정보가 당신의 마음속에서 신선한 상태로 있을 때 당신의 삶을 바꾸고 돈과의 관계를 변화시키겠다고 다짐하고 실천해야 한다. 만약 당신이 이 책을 읽기만 하고 사고나 행동을 변화시키기 위해 아무런 노력도 하지 않는다면 삶을 전환시킬 기회를 놓치게 될 것이다. 정말로 당신의 삶을 의미 있게 변화시키고자 한다면, 최소한 60일 동안은 평생 동안 유지했던 무의식적인 행동을 바꾸기 위해 집중적으로 노력해야 한다. 새로운 의식으로 전환하기 위해서는 그 정도 시간이 걸린다. 여기서는 이것을 '풍요 작전 D-60'이라고 부른다.

처음 30일 동안에는 의식이 달라지는 것을 경험하고 경제생활에도 뚜렷한 변화를 느낄 것이다. 그러나 자칫하면 다시 과거의 생활 방식으로 되돌아가기 쉬우므로 60일을 채우기 전에는 작전을 중단하지 않는 것이 좋다.

연구 결과에 의하면 어떠한 행동 유형이 두뇌 속에 자리를 잡는 데에는 시간이 걸린다고 한다. 새로운 행동 유형이 정착되기 전까지는 마음이 자연스레 옛 습관을 회복하는 쪽으로 기울게 되어 있다. 따라서 만약 당신이 긍정적인 사고나 행동을 새롭게 시작했다면 중단하지 말고 그것을 오랫동안 되풀이해야 한다. 그래야 새로운 것이 제대로 정착되어 당신이 어떤 상황에서든 자연스럽게 행동할 수 있게 될 것이다.

60일간의 11가지 풍요 프로그램

1. **감사 목록** 당신이 감사하게 생각하는 것을 모두 적으라.

2. **소원 목록** 현재 당신이 가지고 있지 않지만 필요한 것이 있다면 그것이 무엇일지 생각하라.

3. **소중한 것 목록** 집 안에 성단(聖壇), 또는 성스러운 제단을 마련하라. 그리고 그곳에 당신이 인생에서 가장 가치 있게 생각하는 것과 당신이 추구하는 것을 올려놓으라. 실물이 없다면 상징적인 그림이어도 좋다. 이왕이면 상징적으로라도 그곳에 촛불을 밝혀 보라.

4. **기도와 명상** 아침과 저녁에 성단 앞에서 적어도 5분 정두 시간을 내

어 기도와 명상의 시간을 가지라. 당신의 마음속에 있는 영성의 빛을 밝힌다는 생각으로 상징적인 초에 불을 켜라. 당신의 감사 목록을 소리 내어 읽으라. 그리고 감사의 대상에게 감사의 말을 하는 것이다. 이번에는 소원 목록을 읽고 당신이 원하는 모든 것이 이루어지도록 기도하라. 이와 같은 명상과 기도는 인류 역사상 오래전부터 있어 왔고, 또 효과가 있었다. 당신이 영혼과의 관계를 발전시킴에 따라 당신 내면에서 영적인 협력 관계가 이루어지는 것을 알게 될 것이다.

5. **부정적인 말과 생각의 중단**   언제나 작은 수첩을 지니고 다니면서 돈에 대한 부정적인 생각이 들거나 스스로 그런 말을 할 때마다 그것을 수첩에 적으라. 그것이 자신에 관한 생각이든, 아니면 남에 관한 생각이든 상관없다. 또는 비록 그것이 스쳐 지나가는 두려움이라 해도 상관없다. 만약 당신이 자신의 의지와 모순되는 생각이나 말을 하는 순간이 있다면 그 순간에 그러한 자신의 모습을 명확하게 인식하는 것이다. 그 생각과 말을 적으면서 의식적으로 자신에게 이렇게 말해보라. "그것은 내가 진실로 믿는 바가 아니야. 그리고 이 믿음은 나의 인생 목적과도 어울리지 않아. 나는 이런 생각을 내 마음속에 더 이상 담아두지 않겠어."

6. **부정적인 사람으로부터 회피**   만약 당신 주변에 돈에 관해 부정적이거나 그런 행동을 하는 사람이 있다면 그를 피하거나 멀리하라. 그런 사람은 당신이 지금 이루려고 하는 변화 작업에 파괴적인 에너지

를 발산한다. 만약 그런 사람들을 아주 멀리하는 것이 어렵거나 불가능하다면 최소한 그의 부정적인 생각을 당신에게 표현하지 말아 달라고 요청하라.

7. **풍요의 상징** 당신의 지갑 속에 고액의 지폐를 항상 지니고 다녀라. 이 돈은 보이지 않는 풍요의 원천을 당신에게 무의식적으로 상기시켜 줄 것이다. 그 돈을 쓰지 말고 반드시 간직하라. 그 돈은 당신이 소유하고 있거나 당신에게 존재하는 모든 것을 상징하는 것이기도 하다. 이 순간에 당신이 필요하다고 느끼는 만큼의 돈이 수중에 없다고 해서 그 돈이 당신에게 영원히 오지 않거나 없을 것이라고 생각하지 말라. 왜냐하면 이미 보이지 않는 풍요가 마련되어 있으며 그것이 당신의 욕구를 채워 주기 위해 기다리고 있기 때문이다.

8. **다른 사람에게 풍요를 베풀라** 의식적으로 베푸는 행동을 통해 풍요와 가까워져야 한다. 사랑하는 사람들이나 남들이 비록 말은 하지 않지만 필요로 하는 것이 있을 것이다. 그것이 무엇인지 주의를 기울여 보라. 당신이 가진 것 중 그들에게 필요한 것이 있는가? 친절한 말 한마디, 따스한 손짓 하나, 환한 미소, 따뜻한 음식 한 끼 등 말이다. 무엇인지가 중요한 게 아니라 당신이 풍요의 장에서 살 준비가 되어 있다는 것이 중요하다.

9. **함께 나눌 사람** 당신의 경험을 공유하고 함께 나눌 증인을 선택하라. 당신이 인생에서 전적으로 믿을 수 있는 그런 사람, 당신에 관한

그 어떤 것을 털어놓아도 좋을 사람, 그리고 안전하다고 느낄 수 있는 사람을 선택하라. 당신이 꿈을 실현할 수 있는 힘을 가질 수 있도록 그에게 마음으로 응원해 달라고 요청해 보라. 그리고 오직 그런 사람과 함께 당신의 진전 상황에 대해 의논하고 공유하라.

10. **두려움의 해방** 당신에게는 부족함과 한계가 있을 것이라는 불신과 두려움을 전부 던져 버리고 모든 것을 신에게 맡기라. 이제 모든 것을 맡기기 위한 의식의 일환으로 당신의 두려움을 적은 편지를 써 보라. 그리고 그 편지를 당신이 믿는 신이나 친구에게 보낸다고 생각하고 모든 두려움을 날려 버리는 것이다. 비유적으로 말한다면 당신은 그 편지 안에 모든 두려움을 담아 이 60일간의 프로그램 기간이 진행되는 동안에 날려 버려라. 그렇게 하면 60일 뒤에 그러한 편지가 더 이상 필요 없게 될 것이다.

11. **진정한 자신의 모습** 이제 매일 거울을 보면서 당신의 내면을 들여다보라. 당신에게는 겉으로 보이는 것 이상의 것이 잠재되어 있음을 스스로에게 상기시켜라. 당신은 자신의 겉모습을 아주 친숙하게 느끼겠지만 내면에 대해서는 잘 알지 못했을 것이다. 이제 앞으로 60일 동안 내면의 진정한 자신과 친해지기 위해 일하라. 한 가지 사실만은 분명하다. 즉 당신의 모든 것은 알아도 좋을 만큼 충분한 가치가 있다는 것이다.

평생의 부

당신은 60일이 지났을 때 자신이 원하던 변화를 진정으로 실현할 수도 있고 하지 못할 수도 있다. 그리고 당신에게 돈이 나타날 수도 있고 그렇지 않을 수도 있다. 여기서 우리가 중요하게 깨달아야 할 사실은 짧은 시간 안에 당신에게 구체적인 변화가 일어났느냐, 아니냐가 아니라 당신이 진정으로 변화를 위한 첫걸음을 떼기 시작했다는 점이다.

꼭 기억해야 할 것은 당신이 원하는 것을 추구할 때 결과에 너무 집착하지 말라는 것이다. 오직 당신의 길에 집중하고 당신의 삶을 살아가라. 그리고 나머지 사소한 것들은 신에게 맡기라. 물론 이 일이 결코 쉽지 않을 수 있다. 그러나 일단 당신이 어느 정도 내공을 쌓는다면 모든 것이 생각보다 쉽고 편안하게 느껴질 것이다. 혹시 주변에서 당신의 믿음에 의문을 제기하는 사람들을 만날 수 있다. 때로는 가족이나 친구들조차도 당신이 하는 노력이 무의미한 일이라고 나무라거나 비난할지 모른다. 하지만 그것은 결코 사실이 아니다. 머니 머지션이 되는 데는 다소의 시간이 걸릴 수 있다. 당신 자신의 길을 걸어가면서 언제나 내면의 영성과 연결 상태를 유지하라. 늘 충만한 마음으로 당신의 삶을 살아가고 모든 것은 하늘의 뜻에 따라 이루어질 것이라는 믿음과 신뢰를 갖고 당신이 해야 할 일을 하기 바란다.